HEYNE
BÜCHER

Stichwort

Freimaurer

Jürgen Holtorf
Karl-Heinz Lock

Originalausgabe

WILHELM HEYNE VERLAG
MÜNCHEN

HEYNE SACHBUCH
Nr. 19/4020

REDAKTION:
Gerhard Theato

GRAFIKEN:
Michael Lörcher

KONZEPTION UND REALISATION:
Christine Proske
(Ariadne Buchproduktion)

2. Auflage

ISBN 3-453-06044-X

Inhalt

Siegel	Großloge
	Freimaurer gibt es in allen demokratisch regierten Ländern dieser Welt. In der Bundesrepublik Deutschland
	Die Gesamtvertretung aller deutschen Freimaurer liegt ausschließlich bei den VEREINIGTEN GROSSLOGEN VON DEUTSCHLAND – Bruderschaft der Freimaurer –. Ihre Rechtsgrundlage ist die MAGNA CHARTA von 1958. Der Senat als beschließendes Organ wird vom Konvent gewählt. Sitz ist Berlin.
	1. Großloge der Alten Freien und Angenommenen Maurer von Deutschland (GL A.F.u.A.M.v.D.) Sitz ist Bonn.
	2. Große Landesloge der Freimaurer von Deutschland (GLL F.v.D.) Sitz ist Berlin.
	3. Große National-Mutterloge »Zu den drei Weltkugeln« (GNML 3 WK) Sitz ist Berlin.
	4. American-Canadian Grand Lodge A.F.+A.M. (ACGL) Sitz ist Frankfurt/M.
	5. Grand Lodge of British Freemasons in Germany (GL BFG) Sitz ist Mönchengladbach.
	Weitere fünf Logen unterstehen den Vereinigten Großlogen direkt.

Logen	Mitglieder	Neue Bundesländer
40.000	6.000.000	
402	20.000	
402	20.000	46 Logen
232	9.000	19 Logen
81	3.500	17 Logen
26	1.000	10 Logen
44	4.000	keine
14	2.500	keine
5		

II. Die Entstehungsgeschichte

Seit 275 Jahren existieren und wirken in über 130 Ländern der Welt Freimaurerlogen. Heute sind es insgesamt etwa 40.000 Logen mit rund sechs Millionen Mitgliedern. Die Logen bilden eine Gemeinschaft von »weltweit brüderlich verbundenen Menschen«. Ihre Hauptziele sind die Erziehung zu Nächstenliebe, Toleranz und Wohltätigkeit.

Die den Zusammenkünften zugrunde liegenden Rituale und Symbole entstammen dem Brauchtum der Steinmetzbruderschaften. Diese basieren auf den Elementen der antiken Mysterienbünde, der Kabbala, der Gnostiker sowie des Christentums und dienen dazu, der Überbetonung des rein rationalen Denkens entgegenzuwirken.

Die Symbole sind Wegbereiter für geistige Vertiefung. Ihre Auslegung ist nicht festgelegt, sondern bleibt jedem einzelnen Bruder überlassen. So bildet die Loge einen Freiraum, in dem sich jeder Bruder ohne Rücksicht auf Äußerlichkeiten und Umwelteinflüsse verwirklichen kann. Dem liegt die Auffassung zugrunde, daß die Gesellschaft nur über den einzelnen und dessen persönliches Beispiel humaner werden kann. Die geschlossene Gesellschaft der Freimaurer bemüht sich um die Rechte, die Würde, den Frieden und die Eintracht aller Menschen. Ihre Mitglieder folgen auf der ganzen Welt den gleichen Grundsätzen: Sie glauben an Gott, den sie im Begriff des »Allmächtigen Baumeisters aller Welten« verehren. Der Bruderschaftsgedanke bildet den Mittelpunkt jeder Vereinigung von Freimaurern. Es gibt keinen Vorzug des Standes, des Ranges, des Besitzes oder der Bildung. Deshalb nennen sich Männer höchst unterschiedlicher beruflicher und sozialer Herkunft *Bruder*.

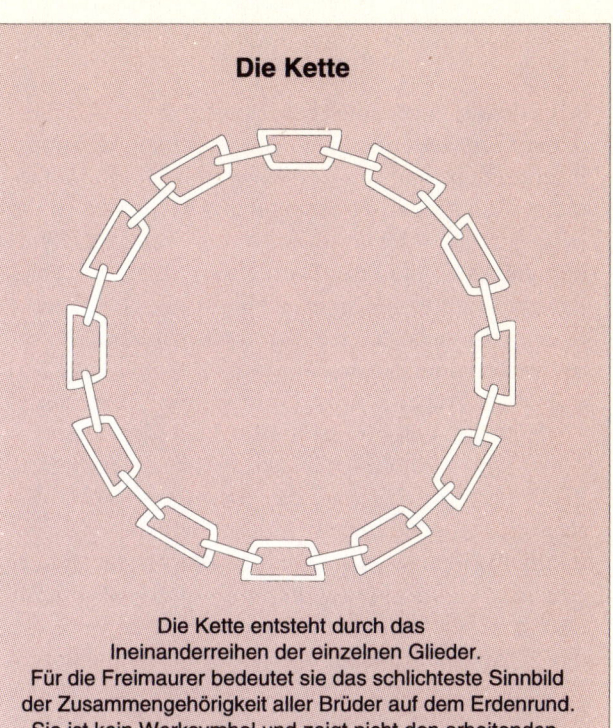

Die Kette

Die Kette entsteht durch das
Ineinanderreihen der einzelnen Glieder.
Für die Freimaurer bedeutet sie das schlichteste Sinnbild
der Zusammengehörigkeit aller Brüder auf dem Erdenrund.
Sie ist kein Werksymbol und zeigt nicht den arbeitenden,
sondern den liebenden Menschen.

1. Der Begriff »Freimaurer«

Die Freimaurerei ist einer der letzten echten »Einweihungsbünde«, die aus den mittelalterlichen »Dombauhütten« entstanden und sich deren Formen bedienten. Der Begriff *Freimaurer* bezieht sich auf das englische »freestone-mason« und bezeichnet den Baukünstler, der im Gegensatz zum »roughstone-mason« den frei stehenden Stein als Steinmetz oder Steinbildhauer kunstvoll zu bearbeiten verstand. Der »freemason« mußte, wenn er sein Handwerk frei ausüben wollte, frei sein von jeder Leib-

Freimaurerei

Als Glieder eines ethischen Bundes treten die Freimaurer für Menschlichkeit, Brüderlichkeit, Toleranz, Friedensliebe und soziale Gerechtigkeit ein. Als Gemeinschaft brüderlich verbundener Menschen ist die Loge sozusagen Übungsstätte dieser Werte. Als Symbolbund dient die Freimaurerei der Verinnerlichung des humanitären Ideengutes. Hierin liegt ihre Besonderheit gegenüber allen anderen Zusammenschlüssen mit verwandten Zielen. Wie immer man die alte und stets neue Frage: Was ist Freimaurerei? beantwortet – wichtig ist, den Freimaurerbund als Idee, Gemeinschaft und symbolischen Ausdruck zu begreifen. Diese Vielgestaltigkeit des Bundes erlaubt den menschlichen Neigungen unterschiedliche Zugangsmöglichkeiten. So mag der eine mehr von lebendiger geistiger Auseinandersetzung angezogen werden, der andere in der menschlichen Gemeinschaft der Loge das Wesentliche sehen, und der dritte schließlich in Symbol und Brauchtum das Zentrum des Bundes erleben. Erfüllte Freimaurerei verwirklicht sich allerdings nur im Zusammenspiel all ihrer Elemente.

eigenschaft oder anderer feudaler Abhängigkeit. Er mußte frei geboren sein und durfte nicht von unfreien Eltern abstammen.

Das englische »Lodge« wurde ins Deutsche mit *Loge* übersetzt und bezeichnete ursprünglich die »Bauhütte«, das Gebäude, das den Bauhandwerkern als Werkstatt, Aufenthaltsort und Versammlungsraum diente. Später benannte man damit die Organisationsform der Bauhandwerker in den Dombauhütten.

England ist das Mutterland der Freimaurerei und beansprucht bis heute das (ungeschriebene) Recht, darüber zu entscheiden, ob eine Loge oder Großloge *regulär* ist. Jährlich wurde ein Großmeister gewählt, 1721 erstmals ein Adeliger, der Herzog von Montagu. Der gab den Auftrag, aus alten Akten eine neue Konstitution zu erarbeiten. Sie wurde 1723 veröffentlicht und enthielt unter anderem die *Alten Pflichten*. In Hamburg gründete Charles Sarry 1737 die erste deutsche Loge mit einem englischen Patent. Man nannte sie »Loge d'Hambourg«, später »Absalom«. Sie arbeitet noch heute unter dem Namen

---

Loge

Ausgangspunkt und Zentrum freimaurerischen Wirkens ist die Loge. An ihrem geselligen Leben nehmen auch die Frauen der Mitglieder und ihre Familien teil. Trotzdem ist die Freimaurerei aus Tradition ein Männerbund. Sie sieht hierin keinen Widerspruch zur Gleichberechtigung von Mann und Frau, hält vielmehr Vereinigungen, die nur Männer (oder nur Frauen) umfassen, für ebenso legitime wie sinnvolle Formen menschlicher Gemeinschaft, für Freiräume, die der Entfaltung der Persönlichkeit dienen.

Das Einüben des Zusammenlebens und Zusammenwirkens aller Brüder in der Loge erfordert Aufeinanderzugehen in allen Lebenssituationen, Verständnis der Charaktereigenschaften des anderen und Hilfsbereitschaft in Not. Freimaurerische Toleranz bedeutet nicht desinteressiertes Geltenlassen anderer Auffassungen, sondern die Bereitschaft, die Überzeugung des Partners – oder sogar Gegners – in ehrlicher Auseinandersetzung zu respektieren. All dem stehen oft egoistische Verhaltensweisen und andere menschliche Unzulänglichkeiten im Wege. Deren Überwindung durch Gespräch, Anleitung und Vorbild ist fortdauernder Gegenstand freimaurerischer Arbeit.

»Absalom zu den drei Nesseln«. Eine Abordnung dieser Loge nahm 1738 auch den Kronprinzen von Preußen auf, der als König Friedrich II. die Verbreitung der Freimaurerei in Preußen ab 1740 unterstützte und der Schirmherr der späteren Großen National-Mutterloge »Zu den drei Weltkugeln« wurde.

Neben dieser rein englischen Linie kam die Freimaurerei über Frankreich und den sächsisch-polnischen Marschall Rutowski nach Sachsen und Böhmen (1738 Logengründung in Dresden). Die damalige Kleinstaaterei mit bis zu 37 politischen Gebilden (Königreiche, Herzog-, Fürstentümer usw.) ist eine Ursache für das Nebeneinander verschiedener Lehrarten (Großlogen) und die Zersplitterung der deutschen Freimaurerei. Erst 1958, mit Gründung der *Vereinigten Großlogen von Deutschland – Bruderschaft der Freimaurer* wurde das gemeinsame Dach geschaffen, das die nationale Repräsentanz der fünf Großlogen bildet.

2. Stadien der Entwicklung

Wer sich mit Freimaurern und Logen befaßt, muß zunächst einmal sehr genau hinsehen, ehe er sich ein Urteil bildet. Beide Begriffe sind nicht gesetzlich zu schützen, ebensowenig wie etwa die Begriffe »Christ« oder »Kirche«. Jeder kann sich so nennen. Und in der Tat gibt es in vielen Ländern kleine, oft obskure Vereinigungen sogenannter Freimaurer in sogenannten Logen, die mit der wirklichen Freimaurerei nicht das geringste zu tun haben, allenfalls geeignet sind, deren guten Namen in Mißkredit zu bringen.

Doch es kommt noch komplizierter. Es arbeiten längst nicht mehr alle Großlogen nach den Alten Regeln der Gründer, sie gelten als »irregulär« und werden von den »regulären« Großlogen nicht anerkannt. Wächterin über das für die Freimaurerei lebenswichtige *Regelprinzip* (es geht um die Abgrenzung von politisierenden Großlogen) ist die *Muttergroßloge* der Welt, die »United Grand Lodge of England«.

Wo Freiheit und Rechtsstaatlichkeit herrschen, da gibt es auch Freimaurerlogen. Totalitäre Regime dagegen verbieten in ihrem Einflußbereich die Freimaurerei. Sie fürchten sie, weil sie ihre Mitglieder lehrt, unerschrocken für Geistes- und Gewissensfreiheit, für Toleranz und Achtung Andersdenkender, für Pluralismus und freie Entfaltung des Individuums, für Wahrheit und Gerechtigkeit einzutreten.

Die Entstehung der modernen Freimaurerei im 18. Jahrhundert – nach einer Phase der »Unterwanderung« der Werklogen durch Intellektuelle – ist ein in der Geistes- und Kulturgeschichte einmaliger Vorgang, insbesondere auch, was das Tempo dieser Entwicklung angeht.

Von den Gedanken der Aufklärung begeisterte Männer strömten förmlich in die Logen. Hier fand man sich über alle trennenden gesellschaftlichen Schranken hinweg zusammen, um als »bloße Menschen« am sozialen Gerüst einer »moralischen Internationale« zu arbeiten. Unter dem Prinzip der Gleichheit aller Menschen fanden sich »Noblemen, Gentlemen und Working Men« auf einer Plattform zusammen, auf der man keine ständischen Unterschiede kannte. Der Bruder galt innerhalb der Logen nicht mehr als Untertan, sondern als Mensch unter Menschen. Er dachte, plante und handelte in der Logenarbeit als freier Mann. Die innere Gesetzlichkeit der Logen, ihre Freiheit und Unabhängigkeit waren, so schreibt der Historiker Reinhart Koselleck (»Kritik und Krise«) »nur möglich in einem Bereich, der dem Einfluß sowohl der kirchlichen Instanzen wie dem politischen Zugriff der herrschenden Staatsgewalt entzogen blieb«.

Die Logen waren »geschlossene Gesellschaften«. Ihre Verschwiegenheit schützte sie vor dem Zugriff des absolutistischen Staates und schloß ihre Mitglieder zugleich

Regelprinzip

Freimaurerei wird unter vielen unabhängigen Großlogen nach Grundsätzen oder Regeln ausgeübt, die
mit denen übereinstimmen, die die United Grand
Lodge of England während ihrer geschichtlichen Entwicklung festgelegt hat.

Um als regulär durch die UGL von England anerkannt zu werden, muß eine Großloge die folgenden
Regeln beachten:

– Sie muß gesetzmäßig durch eine reguläre Großloge
  eingesetzt oder durch drei oder mehr selbständige
  Logen – jede von ihnen mit Patent einer regulären
  Großloge – gebildet worden sein.
– Sie muß wirklich unabhängig und autonom sein,
  mit unbestrittener Autorität gegenüber der Bruderschaft der Freimaurer in den drei symbolischen
  Graden des Lehrlings, des Gesellen und des Meisters innerhalb ihrer Jurisdiktion, und sie darf in
  keiner Weise einer anderen maurerischen Körper-
  schaft unterworfen sein oder die Herrschaft mit ihr
  teilen.
– Freimaurer innerhalb ihrer Jurisdiktion müssen
  Männer sein, und sie oder ihre Logen dürfen keine
  maurerische Verbindung zu Logen haben, die Frau-
  en als Mitglieder aufnehmen.
– Freimaurer innerhalb ihrer Jurisdiktion müssen an
  ein höchstes Wesen glauben.
– Alle Freimaurer innerhalb ihrer Jurisdiktion müssen ihre Verpflichtung auf oder angesichts des Bu-
  ches des Heiligen Gesetzes (die Bibel) oder das
  Buch, das von dem betreffenden Manne als heilig
  angesehen wird, ablegen.
– Die drei großen Lichter der Freimaurerei (das Buch

des Heiligen Gesetzes, das Winkelmaß und der Zirkel) müssen aufgelegt sein, wenn die Großloge oder die ihr unterstellten Logen geöffnet sind.
– Die Diskussion über Religion und Politik innerhalb ihrer Logen muß untersagt sein.
– Sie muß die Grundsätze und Lehren (die »Alten Landmarken«) und das Brauchtum der Bruderschaft befolgen und darauf achten, daß sie innerhalb ihrer Logen befolgt werden.

zu brüderlicher Gemeinsamkeit zusammen. Im umgrenzten Logenbereich verwirklichte sich zuerst die Idee der bürgerlichen Freiheit, die damals als neues Denken die Menschen faszinierte. Die »Freiheit im Geheimen« wurde zum »Geheimnis der Freiheit« (Koselleck).

Für die bürgerliche Gesellschaft hatten die Logen eine Schrittmacher-Funktion. Die Logen waren Keimzellen und Hort der großen Bewegung der *Aufklärung*, der geistigen Selbstbefreiung des Menschen, seines »Aufbruchs aus selbstverschuldeter Unmündigkeit« (Kant). Nicht von ungefähr kam es zur ersten deutschen Logengründung in Hamburg, denn im Vergleich zu den absolutistischen Herrscherhäusern in den deutschen Ländern war die Verfassung der Freien und Hansestadt ein Sonderfall. Hier atmete man eine freiere Luft als anderswo, hier hatte sich mehr Liberalität herausgebildet, hier dachte man weltweiter, und auch die Toleranz im Zusammenleben der Menschen war hier besonders entwickelt – obgleich noch weit entfernt von unseren heutigen freiheitlich-demokratischen Lebensvorstellungen. Es blieb nicht aus, daß die Mächtigen den Logengründungen mit äußerstem Mißtrauen begegneten. Auch der Senat der Freien und Hansestadt Hamburg machte da keine Ausnahme. Schon wenige Monate nach der Gründung von 1737, am 7. März 1738, erließ er ein Versammlungsverbot für die Freimaurer und untersagte insbesondere seinen Staatsdienern, Logenmitglied zu werden. Doch alle staatlichen Verbote und kirchlichen Bannbullen konnten das Feuer der Freiheit, das in den Logen entzündet worden war, nicht aufhalten. Der Hamburger Historiker Dr. Franklin Kopitzsch schrieb 1982 in seiner Dissertation »Sozialgeschichte der Aufklärung in Hamburg und Altona«:

»Dieses 18. Jahrhundert hat in dem nie verhallenden Appell an das Selbstdenken, an den Mut zur eigenen Meinung und zur unbefangenen Wahrheitssuche, an der Wiederentdeckung der Kritik und des Zweifels, in der selbstgesetzten Pflicht zur unablässigen Information und Diskussion und in dem Willen zur Reform, die nicht allein Veränderung, sondern stets Veränderung und Verbesserung im Sinne menschenwürdiger Weltgestaltung erstrebte, seine herausragenden Merkmale, die zugleich Grundwerte der modernen Gesellschaft geworden sind. An die Stelle unbesehen übernommener Normen trat das Primat der Kritik und die damit untrennbar verbundene ›Unabhängigkeit von den verbindlichen Setzungen der Kanzel, des Katheders und der Kanzleien‹. Kritik und Zweifel waren für die Aufklärung nicht Selbstzweck, sondern die Voraussetzung für ihr wesentliches Anliegen, beizutragen zur ›Beförderung der Humanität, zur Menschlichkeit!‹«.

Dazu noch einmal der Historiker Reinhart Koselleck: »Im Zeichen des Maurermysteriums entstand das soziale Gerüst der moralischen Internationale, die sich aus den Kaufleuten und Reisenden, den Philosophen, Seeleuten und Emigranten, kurz den Kosmopoliten im Verein mit dem Adel und den Offizieren zusammensetzte. Die Logen wurden zum stärksten Sozialinstitut der moralischen Welt des 18. Jahrhunderts. Ihr großes Gewicht erweist sich bereits daran, daß sich auch die Staatsmänner der Logen bedienten, um Einfluß zu gewinnen und politische Ziele zu verfolgen. Die Könige von Schweden, der Herzog

Ferdinand von Braunschweig, die Hohenzollern und viele deutsche Mittelfürsten zählen in diese Reihe…«.

Die Logen verstanden es, Träger der Verheißung einer besseren, menschlicheren Welt zu sein. Das gab ihnen Nimbus und Ausstrahlung und prägte ihren Platz im gesellschaftlichen und geistigen Leben ihrer Zeit.

»Ihrem Wesen nach ist die Freimaurerei ebenso alt wie die bürgerliche Gesellschaft. Beide konnten nicht anders als miteinander entstehen – wenn nicht gar die bürgerliche Gesellschaft nur ein Sprößling der Freimaurerei ist«. So beschreibt der Freimaurer Gotthold Ephraim Lessing die Bedeutung, die die Freimaurerei in der Zeit der Aufklärung als fortschrittliche geschichtliche Kraft besessen hat. Bedeutende Namen bezeugen die Anziehungskraft der Logen. Unter vielen anderen Großen der politischen, geistigen und künstlerischen Welt waren die Freimaurer Lessing, Goethe, Wieland, Herder, Friedrich der Große, Voltaire, Hardenberg, vom Stein, Mozart, Haydn, Liszt – die Fülle der Namen ist schier grenzenlos, so wie auch die Unterschiedlichkeit der Charaktere, die im Logenleben ihr einigendes Band fanden.

Das neue Denken, das von den Logen seinen Ausgang nahm, war, ohne daß es dazu einer Verschwörung bedurft hätte, und auch in Anbetracht der unverändert gültigen Vorschriften der alten Maurer, sich aus allem politischen und konfessionellen Streit herauszuhalten, ein Politikum ersten Ranges. Es erfaßte die Menschen jener Zeit. Ihr Selbstbewußtsein, ihr Glaube an den Menschen und seine Fähigkeiten veranlaßte sie zum Handeln in der Welt, in der sie lebten und wirkten. Ihren wohl augenfälligsten Beitrag haben freimaurerische Ideale zur nordamerikanischen Verfassung geleistet, zu einer Zeit, als hierzulande die Fürsten noch lange Freiheitsstreben mit Aufruhr gleichsetzten. Vor einigen Jahren ist die Verfassung der Vereinigten Staaten von Nordamerika 200 Jahre alt geworden. Von den 56 Unterzeichnern waren 53 Freimaurer, von den 55 Mitgliedern der konstituierenden Nationalversammlung 50; sämtliche Gouverneure der 13 Gründerstaaten waren Freimaurer, ebenso wie 20 von den 29 Generälen des Logenbruders George Washington. Bei der Formulierung ihrer neuen Verfassung stellten die amerikanischen Gründerväter die bisherige Geschichte der menschlichen Regierungen in Rechnung und, ausgehend vom Grundsatz strikter Gewaltenteilung, legten sie der Regierung Beschränkungen auf, die für alle Zeit verhindern sollten, daß eine starke zentrale Staatsgewalt jemals in ein diktatorisches System münden könnte. Das Gedankengut der US-Verfassung wiederum zeigt sich heute in fast allen Nationalverfassungen, die es in der freien Welt gibt, so auch im Grundgesetz der Bundesrepublik Deutschland.

Freimaurer trugen den Geist der Freiheit in die Welt. Ohne daß die Logen selbst Politik gemacht hätten, wurden auch in Südamerika Freimaurer zu den Trägern der Unabhängigkeitsidee. Aus ihren Reihen gingen die großen Befreier hervor: Miranda, San Martin, Alvear, Rivadavia, Lopez, O'Higgins, de Rozas, Simon Bolívar, Caldas, Martin, Santandér und andere. Ihre Leitlinie, an der sich auch spätere Freiheitskämpfer, wie beispielsweise einer der Einiger Italiens, Giuseppe Garibaldi, orientierten, hatte der Freimaurer Lafayette im Juli 1789 in einer einfachen Grundforderung zusammengefaßt: »Alle Menschen werden frei geboren und sind und bleiben gleich vor dem Gesetz«.

Flächenbrandartig breiteten sich die Ideen der Freimaurer in der Welt aus, und freimaurerische Persönlichkeiten waren überall dort zu finden, wo diese Ideen verwirklicht wurden. Für die herrschenden Mächte, sofern sie nicht zu Reformen bereit waren, bedeutete das Gefahr. So kam es in vielen Ländern und zu verschiedenen Zeiten zu Freimaurer-Verboten und -Verfolgungen. Nicht wegen einer falschen Geheimnistuerei um ihr Brauchtum wurden die Freimaurer verfolgt. Es waren ihre Ziele, die Ängste hervorriefen: Antitotalitarismus, Internationalismus, Toleranz, Geistes- und Gewissensfreiheit, die gewaltlose Durchsetzung moralischer Prinzipien gegenüber der Staatsmacht und die Ermutigung des einzelnen, aller Ungerechtigkeit entgegenzutreten. Das erste Freimaurer-Verbot in Deutschland erließ am 21. Oktober 1737 Kurfürst Karl-Philipp von der Pfalz. 1738 untersagte in Schweden ein königlicher Erlaß die Versammlungen der Freimaurer »bei Todesstrafe«. Im gleichen Jahr verbot Ludwig XV. von Frankreich allen getreuen Untertanen den Umgang mit Freimaurern und verbannte die adeligen Freimaurer vom Hof. Weitere Verbote erfolgten in Polen, Spanien, Portugal und längst nicht dort allein.

Mit von der Partie war die katholische Kirche: Bereits am 28. April 1738 erließ Papst Clemens XII. die erste Bulle gegen die Freimaurer, am 18. Mai 1751 Papst Benedikt XIV. die zweite. Begründung: »Da in derlei Gesellschaften und Konventikeln Leute jeder Religion und jeder Sekte sich zusammengesellen, kann der Reinheit der katholischen Religion ein großer Schaden zugefügt werden«. Spätere Päpste schlossen sich mit weiteren Bullen und Enzykliken gegen die Freimaurer an – in zunehmender Schärfe und mit verhängnisvollen Folgen für viele Freimaurer in katholisch regierten Ländern. Erst mit dem II. Vatikanischen Konzil (1962–1965) unter Papst Johannes XXIII. sollte sich die Grundeinstellung der katholischen Kirche mit dem Bekenntnis zur Religionsfreiheit wandeln.

Im Inneren blieben den Freimaurern Irrwege und Fehlentwicklungen nicht erspart. Die Phantasie jener Jahrzehnte ließ immer neue Varianten freimaurerischer und pseudo-freimaurerischer Gruppierungen entstehen. Hier nur einige Stichworte: Illuminaten, Alchemie, strikte Observanz – vielfach nur vorübergehende Erscheinungen, die jedoch Eingang in die Antifreimaurer-Literatur gefunden haben und bis auf den heutigen Tag für oft aberwitzige Verdächtigungen und Unterstellungen als Quelle dienen. Vieles aus dem Reich der Phantasie, einschließlich zahlreicher Geheimschriften, ist im Laufe der Geschichte verlorengegangen. Das wurde vielfach bedauert. In dem 1919 erschienenen Sammelband »Die Freimaurerei im Volksglauben« (Verlag Wallmann, Berlin) steht zu lesen:

»Namentlich verstehen die Freimaurer nicht mehr den Trank der ewigen Jugend und den der Unsterblichkeit zu bereiten, wie man deutlich daran sieht, daß sie gleich anderen Menschen mit der Zunahme der Jahre hinfällig, runzelig und schwach werden.«

»Die Zeit« schrieb im November 1986 in einem Bericht über das Freimaurermuseum im niederösterreichischen Schloß Rosenau:

»Seit jeher waren die Freimaurer ihrer Umwelt verdächtig. Vorurteilen sehen sie sich selbst heute noch ausgesetzt. Daß es dazu kommen konnte, lag einerseits an der Unöffentlichkeit ihrer Vereinigung, andererseits an ihren den nicht Eingeweihten exotisch dünkenden Symbolen und geheimnisumwitterten Ritualen. Manchem Herrscher, manchem Regierungssystem paßten sie nicht, weil zahlreiche engagierte Freimaurer als politische Gegner in höchsten Kreisen verkehrten. Zeitweise wurden die Logen verboten. Trotzdem blieben die Logenbrüder unerschrocken dem Humanismus, der Toleranz verpflichtet. Kurz: Sie konnten schon unbequem werden! Eins aber konnten sie nie: Gold machen – es ist beklagenswert genug!«

Bitter ernst wurde es für den Weltbund der Menschlichkeit in Deutschland, als die Nationalsozialisten an die Macht kamen. Im Kaiserreich hatte das Freimaurertum – wenn auch von eher gutbürgerlichem Anstrich und ohne auffällige geistige Aktivität – in hohem Ansehen gestanden. Über 80.000 Mitglieder zählte der Bund damals in Deutschland. Die Hohenzollern waren Mitglieder und Protektoren. Erst Wilhelm II. brach bezeichnenderweise mit dieser Tradition. Nach dem verlorenen Ersten Weltkrieg, der viele Menschen in Deutschland in tiefe Verwirrung stürzte, entstand ein Nährboden für zwielichtige politische Propheten. Die »Verschwörungstheorie« kam auf. Juden, Jesuiten, Kommunisten und Freimaurer – in primitiver nationalistischer Propaganda gerieten sie gemeinsam in die Schußlinie, nur weil sie weltweite Verbindungen pflegten. »Überstaatliche Mächte« wurden zum Schreckgespenst. »Internationalismus« war ein Schimpfwort. In einer von der Evangelischen Zentralstelle für Weltanschauungsfragen herausgegebenen Information schildert Wilhelm Quentzer die Ausgangslage wie folgt:

»Die psychologischen Gegebenheiten, die den ›Juden-Jesuiten-Freimaurer-Komplex‹ im letzten bestimmen, lassen sich am einfachsten im Blick auf die nationalsozialistische Propaganda verdeutlichen, in der dieses so überaus zählebige Vorurteil bisher seine größte Schärfe erlangte und wohl auch am zielstrebigsten ausgebeutet wurde: In welchen Spielarten der Glaube an geheime Drahtzieher der Weltgeschichte auftreten mag – heute denkt die öffentliche Meinung eher an multinationale Konzerne und Geheimdienste –, immer zeigt sich als Voraussetzung eine tiefe Unzufriedenheit und Gereiztheit gegenüber politischen Entwicklungen. Alles, was man an Informationen über die konventionellen Kanäle, von den Zeitungen bis zum Fernsehen, erfahren kann, scheint nicht auszureichen, das Geschehen zureichend zu erklären. In dieser Lage kommt gern die Bereitschaft auf, alles, was man auf der öffentlichen Bühne zu sehen bekommt, für ein bloßes Spiel anzusehen, das seine geheimen Drahtzieher haben muß.«

Flucht aus der Verantwortung war eine Zeiterscheinung, Geschichte wurde nicht als ein von Menschen zu verantwortender Prozeß begriffen, sondern als das Werk unsichtbarer Ränkeschmiede. Der Name Erich Ludendorff steht stellvertretend für diese spezielle Manie.

Hitler selbst hat Ludendorffs Kampf gegen die »überstaatlichen Mächte« zwar aufgenommen und weitergeführt – die Freimaurerei aber scheint er in seinem Zynismus eher für eine Art Kinderschreck gehalten zu haben: Natürlich glaube er nicht im Ernst, so erklärte er angeblich einmal Hermann Rauschning gegenüber, an die abgrundtiefe Bosheit und Schädlichkeit dieser inzwischen verspießerten und in Deutschland immer harmlos gewesenen Vereinigung zur gegenseitigen Beförderung der eigenen Interessen. Desungeachtet: Nach der Machtübernahme der Nationalsozialisten wurde das Reichssicherheitshauptamt zum Vollstrecker der Verschwörungsthese (Johannes Rogalla von Bieberstein: »Die These von der jüdisch-freimaurerischen Weltverschwörung«).

In den Jahren 1933 bis 1935 vollzog sich Schritt für Schritt die Auflösung der deutschen Großlogen und Logen. Dabei bemühten sich die Nationalsozialisten, einen halbwegs legalen Anschein zu wahren. Sie sorgten für eine förmliche Auflösung der Vereine, für die Einsetzung von Liquidatoren, ja sogar für Kaufverträge, durch die das Vermögen an staatliche Institutionen übertragen wurde. Doch daneben kam es ebenso zu Plünderungen, Verhöhnungen und Zurschaustellungen, menschlichem Terror gegen einzelne, zu Deportation, Folterung und zu Morden. Die 250 Jahre alte Loge »Absalom zu den drei Nesseln« gehört zu den »Vereinigten fünf Hamburgischen Logen«, die unter Aufsicht der Gestapo am 30. Juli 1935 zu ihrem Auflösungs-Konvent zusammentreten mußten, was man mit Würde tat.

Unter den Verfolgten des Dritten Reiches waren viele Freimaurer, wenngleich sie häufig genug nicht wegen ihrer Zugehörigkeit zur Loge, sondern vor allem wegen ihrer freiheitlichen, dem Regime entgegengesetzten Haltung verfolgt wurden. Herausragende Beispiele von Verfolgten, die auch Freimaurer waren, sind Wilhelm Leuschner, der wegen seiner Teilnahme am Aufstand des

20. Juli 1944 vom Volksgerichtshof zum Tode verurteilt wurde, und Carl von Ossietzky, der mutige Redakteur der »Weltbühne« und Friedensnobelpreisträger. Andere hingegen, wie der Hamburger Arzt und Meister vom Stuhl der Loge »Absalom«, Dr. Eduard Uterharck, wurden besonders wegen ihres Freimaurertums verfolgt und verurteilt. Im Deutschen Freimaurermuseum in Bayreuth kann man heute noch die Titelseite des »Hamburger Tageblatts« besichtigen, die am 27. Juli 1935 die dreispaltige Schlagzeile trug »Zuchthaus für Hamburger Freimaurer!«. Was warf man diesem Mann, der sich mutig zu den Zielen des Freimaurerbundes bekannte, vor? Nichts anderes, als daß er einen Briefwechsel mit Freimaurern in England führte. Nach dem »Heimtücke-Gesetz« reichte das für eine Verurteilung zu einer Zuchthausstrafe aus.

Am Ende des Zweiten Weltkriegs waren die Reihen der Logenbrüder gelichtet. Die Treuesten der Treuen sammelten sich 1945 wieder, eben noch 5.000 an der Zahl, und machten sich Schritt für Schritt an die mühselige Wiedererrichtung ihrer Tempel und an die ebenso schwierige Wiedergewinnung ihrer alten Reputation.

III. Die Freimaurer in Europa und in den USA

In einigen für die Vereinigung besonders wichtigen Ländern Europas und in den USA verlief die Entwicklung der Freimaurerei ebenfalls sehr unterschiedlich.

England

Nach der Gründung der ersten Großloge der Welt am Johannistag 1717 im Londoner Gasthaus »Zur Gans und zum Bratrost« gab es zunächst nur wenig Zulauf. Erst nachdem mit dem Herzog von Montagu, einem der reichsten »Peers« Englands, 1721 erstmalig ein Adeliger Großmeister geworden war, wurde die Großloge auch gesellschaftlich verankert und hoffähig. Schon 1725 zählte man 52 Logen, 1732 waren es bereits 109. Erstaunlicherweise zeigte man sich bald in aller Öffentlichkeit in ›maurerischer‹ Bekleidung.

1737 nahm der Großmeister Desaguliers den Prinzen von Wales auf. Viele Geistliche schlossen sich nun ebenfalls dem Bunde an, und man widmete sich in erster Linie eingehend der Wohltätigkeit.

Schon damals gab es aus der politischen Situation heraus Zwistigkeiten, die Tories und die Jakobiten als Anhänger der vertriebenen Stuarts trugen Politik in die Logen und versuchten, einzelne Bauhütten in das jakobitische Lager zu ziehen. Verschiedene ›Verräterschriften‹ führten zu Anfeindungen, weckten aber andererseits auch die Neugier. Besondere Bedeutung erlangte das 1730 von Samuel Prichard unter dem Titel »Masonry Dissected« veröffentlichte *Ritual*. Da die englische Großloge selbst ihr Ritual nur mündlich weitergab, war die Schrift von Prichard für viele neugegründete Logen, besonders auf dem Kontinent, Arbeitsgrundlage. Davon zeugen über 30 verschiedene Auflagen und zahlreiche Übersetzungen. In der ersten Hälfte des 18. Jahrhunderts gab es in England vier Großlogen:

- »The Grand Lodge of England«, gegründet 1717.
- Die »Großloge von Altengland«, gegründet 1725. Von 1744 bis 1761 war sie ruhend, belebte sich aber 1761 neu und gründete bis 1790 elf Logen, stellte dann aber ihre Tätigkeit ein. Sie erteilte den sogenannten »Royal Arch Grad«.
- Die »Grand Lodge of England According to the Old Institutions«, 1751 gegründet von sieben Logen. Sie führte den Grad des »Königlichen Gewölbes« ein, in dem sie die Krönung der Freimaurerei sah. Die Großloge nahm einen schnellen Aufschwung. 1766 gehörten ihr bereits 145 Logen an und vor der Vereinigung im Jahre 1813 nicht weniger als 359 Bauhütten.
- Eine »Grand Lodge South of the River Trent«, die nur verhältnismäßig kurze Zeit existierte. Diese Großloge entfaltete aber keine besondere Tätigkeit und vereinigte sich 1790 wieder mit der Mutterloge.

Für einige Aufregung sorgte ein 1799 im Parlament eingebrachter Gesetzentwurf, nach dem alle Vereinigungen für ungesetzlich erklärt werden sollten, deren Mitglieder einen nicht staatlich genehmigten Eid ablegten. Man erreichte aber beim Parlament für die Freimaurer eine Ausnahmeverfügung. Nach diesen teilweise verwirrenden Vorgängen in der englischen Freimaurerei kam es endlich zu Einigungsverhandlungen, und am 27. Dezember 1813, dem Tag Johannes des Evangelisten, konstituierte sich in einer bemerkenswerten Versammlung die »United Grand Lodge of England«, die aus 544 englischen Logen und 104 Auslandslogen gebildet wurde. In feierlicher Prozession hielten die Brüder ihren Einzug in den Festtempel der »Freemasons' Hall« in London. Die Vereinigung hielt, und die englische Freimaurerei entwickelte sich ständig aufwärts. Sie betrachtet sich als Hüterin der Tradition und läßt an den 1813 festgelegten Prinzipien nicht mehr rütteln.

Man kann feststellen, daß in England die Großloge beinahe eine amtliche Institution ist. Mitglieder des königlichen Hauses spielen eine führende Rolle in der Freimaurerei, neben Adel und Prominenz gibt es aber auch viele einfache Männer, die sich zum Bund bekennen. Eine wesentliche Rolle im Logenleben spielen die Pflege des Rituals, Vertiefung der Symbolik und karitative Betätigung.

Ein Engländer darf mehreren Logen gleichzeitig angehören, was die Bildung von Logen aller Art begünstigt. So gibt es Berufslogen, Logen von Abstinenzlern, von Rotariern, von Sammlern, von Pfadfindern, von Offizieren und Beamten, gemischtsprachige Logen, Logen für Rückkehrer aus den Kolonien, aber auch Feldlogen für bestimmte Truppenteile. Selbst der Oberbürgermeister von London ist Meister einer Loge von Beamten der Stadtverwaltung.

1799 wurde von einer Hamburger Loge die Londoner Loge »Pilgrim Lodge« gegründet, die in deutscher Sprache arbeitet und mit anderen den Verband der »Anglo Foreign Lodges« bildet.

Besondere Berücksichtigung verdient die Forschungsloge »Quatuor Coronati Nr. 2076«, die führend in der freimaurerischen Forschung ist und über ein weltweites Korrespondentennetz verfügt. Ihre Publikationen zählen zu den besten auf der Welt und werden über den »Quatuor Coronati Correspondence Circle« vertrieben.

In der Registerrolle der englischen Großloge sind heute rund 8.000 Einzellogen verzeichnet, davon 760 außerhalb des Mutterlandes. Die Zahl der Mitglieder wird mit über 300.000 Brüdern angegeben. Großmeister ist der Duke of Kent, ein naher Verwandter der britischen Königin.

Irland

Das Fundament der irischen Freimaurerei bildeten alte Gilden. So trägt der Freimaurerstein in Dublin die Jahreszahl 1602, doch erst 1725 wird zum erstenmal eine Großloge von Irland erwähnt, die am Johannistag eine Tempelarbeit und eine Tafelloge abhielt. Der erste Großmeister war der Earl of Ross. Das Konstitutionsbuch der irischen Großloge wurde bereits 1728/29 von John Pennell verfaßt und ist dem von James Anderson aus dem Jahre 1723 sehr ähnlich. Bis 1789 wurden durch die Großloge 707 Patente erteilt, eine 1804 veröffentlichte Liste zählt 951 Logen auf, von denen aber bereits 178 nicht mehr arbeiteten. Mannigfaltig sind die irischen Logen im Ausland, darunter Provinzialgroßlogen in Neuseeland, Südafrika, der Kap-Provinz, Rhodesien und Natal. Insgesamt umfaßt die irische Großloge 13 Provinziallogen mit 730 Johannislogen, darunter 100 im Ausland. Die Mitgliederzahl beträgt über 50.000 Brüder.

Schottland

In Schottland gibt es eine sehr alte freimaurerische Tradition. Schon früh arbeiteten Werkmaurer in Gilden und Logen, die ältesten sind die Loge »Mother Kilwinning« (vor 1598) und die Loge »St. Mary's Chapel« in Edinburgh, die seit 1599 bis heute existiert. Am Andreastag, dem 30. November 1736, gründeten 34 Logen in Edinburgh die Großloge von Schottland. Der erste Großmeister war der Richter Lord of Roslin. Seither entwickelte sich die schottische Freimaurerei stetig und unauffällig. Heute dürfte die schottische Großloge 1.066 Logen umfassen, darunter 411 im Ausland; sie zählt etwa 300.000 Brüder.

Schottische Logen gibt es in folgenden Ländern: Australien, Bahamas, Bahrein, Barbados, Belgien, Bermuda, Birma, Brunei, Ceylon, Chile, Fidschi-Inseln, Ghana, Gibraltar, Guyana, Hongkong, Indien, Jamaika, Japan,

Jordanien, Korea, Laos, Libanon, Malawia, Malaysia, Malta, Mauritius, Natal, Neufundland, Neuseeland, Nigeria, Oranje-Freistaat, Panama, Peru, Philippinen, Rhodesien, Sambia, Sierra Leone, Singapur, Südafrika, Swasiland, Tansania, Thailand, Transvaal, Trinidad und Uganda.

Die Großlogen von England, Irland und Schottland schlossen 1814 einen Allianzvertrag und treffen seither wichtige Entscheidungen, besonders in Anerkennungsfragen, im gegenseitigen Einvernehmen.

Nordamerika

In den Bundesstaaten der USA und den Provinzen Kanadas bestehen unabhängige Einzelgroßlogen, die – zusammen mit der York-Großloge von Mexiko – alljährlich einmal zu einer »Großmeisterkonferenz von Nordamerika« zusammentreten. Die jüngsten der 62 Großlogen sind die 1981 verselbständigte »Großloge von Alaska« und die 1989 gegründete »Großloge von Hawaii«.

Die wichtigste gemeinsame Einrichtung der nordamerikanischen Großmeisterkonferenz ist die »Commission on Information for Recognition«. Durch sie wird eine gemeinsame freimaurerische Außenpolitik der 62 Großlogen gewährleistet. Die zu den Vereinigten Großlogen von Deutschland zählende »American-Canadian Grandlodge« gehört der Konferenz als Vollmitglied an.

Auf dem heutigen Gebiet der USA wurde schon früh freimaurerisch gearbeitet; schottische, englische und irische Brüder brachten das Gedankengut mit. Zuerst gründete man Logen in den Hafenstädten, in denen die Schiffe vom alten Kontinent landeten. Boston, Philadelphia und New York waren die ersten Pflanzstätten.

Viele Freimaurer spielten im amerikanischen Unabhängigkeitskampf eine Rolle. George Washington, Benjamin Franklin, James Otis, Samuel Adams, Alexander Hamilton, John Marshall und James Madison waren vor-

28

nehmlich auf politischem Gebiet tätig. Von Washingtons Generälen seien genannt: Nathaniel Green, Lee, Sullivan, Lord Stirling, Putnam, Baron Steuben, Lafayette, Montgomery, Jackson, Gist, Henry Knox, Ethan Allan und Paul Revere, der spätere Großmeister von Massachusetts.

Für George Washington war das freimaurerische Gedankengut die Grundlage seines Wirkens. Als Befehlshaber der Armee umgab er sich sofort mit Brüdern, und wenn möglich, arbeitete er auch in Feldlogen. Diese Feldlogen hatten die wichtige Funktion, die zusammengewürfelten Scharen der Freiheitskämpfer zu verbinden. Die berühmteste war die »American Union No. I.«. Washington erschien so oft wie möglich in diesen Feldlogen. 20 von 22 Generälen Washingtons waren Freimaurer, ebenso 104 von 106 Stabsoffizieren, ferner die 13 Gouverneure der Gründerstaaten und Washingtons gesamtes erstes Kabinett. Auch Jefferson und Monroe gehörten dem Bunde an. Nach dem Unabhängigkeitskrieg erfolgte die stufenweise Umwandlung der Provinzialgroßlogen in die Großlogen, wie sie noch heute bestehen.

Gegenwärtig stellen die amerikanischen Logen mit über vier Millionen Brüdern das größte Kontingent der Freimaurer überhaupt. Versuche, eine Nationalgroßloge zu gründen, scheiterten allerdings immer wieder. Die jährlichen Großmeisterkonferenzen ermöglichen jedoch einen eingehenden Informationsaustausch. Im Gegensatz zu Europa spielt sich in den USA ein großer Teil des freimaurerischen Lebens in der Öffentlichkeit ab. An Paraden nehmen Freimaurer oft in großer Zahl und in voller maurerischer Bekleidung teil. Grundsteinlegungen und Gottesdienste finden nach freimaurerischen Formen statt.

Nicht wenige amerikanische Präsidenten haben sich zur Freimaurerei bekannt, so Madison, Monroe, Jackson, Mc Kinley, Theodor Roosevelt, Taft, Harding, Franklin D. Roosevelt, Truman und Gerald Ford. So bildet das amerikanische Freimaurertum nicht nur das zahlenmäßig stärkste Glied der Weltbruderkette, es stellt zugleich eine offene Bewegung mit anerkannten Zielen dar, streng auf dem Boden der Verfassung und ohne jede Geheimnistuerei. Es ist ein Faktor im Leben der amerikanischen Gesellschaft.

Frankreich

Von England kommend, griff die Freimaurerei auch nach Frankreich über, fand hier allerdings ganz andere Voraussetzungen vor. Das Land wurde durch die Könige autokratisch regiert. Die Macht der Kirche war zunächst ungebrochen, die Aristokratie geistig uninteressiert, der Staat hoch verschuldet. Die Voraussetzungen für die Schaffung eines humanitären Bundes waren also denkbar ungünstig. Erstaunlicherweise trat zuerst der Adel in die Logen ein, aber nicht, um sich zum Bannerträger freimaurerischen Gedankenguts zu machen. Dennoch schützte die Zuwahl hoher Adeliger vor den äußerst unliebsamen Folgen der bald einsetzenden polizeilichen Verfolgung.

Die grundsätzlichen Unterschiede zwischen angelsächsischer und romanischer Freimaurerei bildeten sich dadurch heraus, daß die Freimaurerei in England in vollem Frieden mit Staat und Kirche eine organische Entwicklung nehmen konnte, während sie in den romanischen Ländern meist gegen den Einfluß der katholischen Kirche ankämpfen mußte. Die Kirche ging nicht nur durch den Erlaß vieler päpstlicher Bullen gegen die Freimaurerei vor, sondern sie versuchte auch immer wieder, die staatlichen Institutionen zu Maßnahmen gegen den Bund zu veranlassen. Daraus ergab sich, daß in romanischen Logen automatisch politische und religiöse Fragen in den Vordergrund traten. Die Freimaurerei mußte sich fortwährend verteidigen und somit anders verhalten als dort, wo der Bund zur gleichen Zeit in Harmonie mit Staat und Gesellschaft lebte.

Zu den ersten Logengründungen in Frankreich kam es

entweder durch Patente der Großloge von England oder durch in Frankreich im Exil lebende Anhänger des schottischen Thronprätendenten Charles Stuart. Die Logengründungen erfolgten in den Jahren 1725 bis 1735 in Paris, Bordeaux, Valenciennes und auf Schloß Aubigny.

Drei dieser ersten französischen Logen gründeten 1736 in Paris eine erste Großloge, die zunächst als englische Provinzialloge arbeitete. Da von England die Anerkennung als »Großloge von Frankreich« ausblieb, erklärte sie sich aber nach wenigen Jahren für unabhängig. Ohne Unterstellungsverhältnis nannte sie sich 1743 »English Grand Lodge of France«. Brüder, die sich von dieser Loge abgespalten hatten, gründeten dann 1772 den »Grand Orient de France«. Schon 1773 wurde in einer Einigungsversammlung die »Grande Loge de France« wieder aufgelöst und feierlich die »Grande Loge Nationale« proklamiert. Auf dem Lande breitete sich das System der »Grande Loge de Clermont« aus, welches aber während der Französischen Revolution langsam von den anderen Großlogen aufgesogen wurde.

Im Vorfeld der Französischen Revolution erwachte das Logenleben zu einer nie dagewesenen Aktivität. Der neue Geist wurde durch Brüder wie d'Alembert, André Chenier, Beaumarchais, Diderot, Danton, Benjamin Franklin (amerikanischer Gesandter in Frankreich), Talleyrand und Voltaire in die Logen gebracht.

Viele Geistesströmungen des 18. Jahrhunderts fanden in der Freimaurerei ein Sammelbecken, und das »neue Denken« verbreitete sich von dort in allen Schichten der Bevölkerung des Landes. Wenn sich auch viele einzelne Freimaurer mutig für die Ideen der kommenden Revolution einsetzten, so sind doch keine Beweise dafür gefunden worden, daß die Freimaurerei in ihrer Gesamtheit in die Revolution verwickelt war.

Zwar wurden in den Logen Menschen- und Bürgerrechte formuliert, und in den Generalständen hatten die

Freimaurer in großer Zahl Sitz und Stimme, nie aber arbeitete man darauf hin, das Regime gewaltsam zu beseitigen. Im Gegenteil: Die revolutionären Ereignisse führten zum zeitweiligen Untergang der Freimaurerei in Frankreich.

Erst 1793 aktivierten sich zaghaft wieder einige Logen. Nach seiner Entlassung aus dem Kerker wurde Roettiers de Monteleau zum Großmeister des »Grand Orient« gewählt, und es gelang ihm, 1799 die Fusion mit der wiedererstandenen »Grande Loge de France« herzustellen: Die Einheit der französischen Freimaurerei blieb gewahrt.

Neue Impulse erhielt die Freimaurerei durch Napoleon, dessen Zugehörigkeit zum Freimaurerbund allerdings stark zu bezweifeln ist. Jedoch waren seine Brüder Joseph, Lucien, Louis und Jerôme sowie sein Stiefsohn Beauharnais Logenmitglieder. Auch der Erzkanzler Cambacérès, dessen ›Projét de Code Civil‹ später die Grundlage für den ›Code Napoléon‹ bildete, gehörte neben den meisten napoleonischen Marschällen der Loge an.

Napoleon selbst bevorzugte den »Grand Orient de France«. Daneben bildete sich der »Suprême Conseil«, der bis in die zweite Republik hinein sogenannte symbolische Logen gründete, von denen noch heute etwa 40 unter der Jurisdiktion der »Grande Loge de France« arbeiten.

Bis zum Jahre 1849 gab es in der Konstitution der französischen Freimaurerei keine Bestimmung, die für die Aufnahme in die Loge den Glauben an einen persönlichen Gott und die Unsterblichkeit der Seele voraussetzte. Um jedoch den ständigen Anwürfen der Religionsfeindlichkeit, die von der katholischen Kirche immer wieder erhoben wurden, zu begegnen, nahm man eine solche Bestimmung in die Verfassung des »Grand Orient de France« auf.

Diese religiös-dogmatische Verbindung wurde im Jahre 1877 wieder gestrichen, was eigentlich nur die Rückkehr zu dem vor 1849 bestehenden Zustand bedeutete. Man machte den Glauben an Gott und die Unsterblichkeit der Seele nicht mehr zur Voraussetzung für eine Aufnahme, auch wurde in einigen Logen die Bibel auf dem Altar durch ein Buch mit weißen Blättern ersetzt. Dieses Zeichen absoluter Gewissensfreiheit rief schärfsten Widerspruch der Großloge von England hervor, die dem »Grand Orient de France« die Anerkennung versagte. Daher ist auch heute eine Vereinigung aller französischen Freimaurer kaum denkbar.

Die Mitgliederzahl des »Grand Orient de France« dürfte heute bei etwa 35.000 Brüdern liegen, die meisten Logen arbeiten nach dem französischen Ritus (sie legen nur das weiße Buch auf), etwa 20 Logen haben sich für das Ritual des »Alten und Angenommenen Schottischen Ritus« entschieden.

Die »Grande Loge de France« umfaßt derzeit 380 Logen mit ungefähr 15.000 Mitgliedern. Sie wird von England bis heute nicht anerkannt: Nach englischer Ansicht ist die »Grande Loge Nationale Française« die einzig reguläre französische Großloge. Sie hat heute etwa 210 Logen mit über 12.000 Mitgliedern, ihre Konstitution trägt das Datum des 4. Novembers 1913 und hält sich streng an die alten Regeln politischer und religiöser Abstinenz.

Italien

Auch die Geschichte der Freimaurer in Italien ist unübersichtlich. Vor der späten Einigung von 1870 wurde das Land entweder von den Päpsten oder von den Fürsten regiert. Besonders die Päpste versuchten, unter Androhung der Exkommunikation die zumeist religiösen Italiener von freimaurerischer Tätigkeit abzuhalten. Papst Clemens XII. sandte sogar einen Inquisitor in die Toskana.

Die erste Loge nach englischem Patent konstituierte

sich 1733 in Florenz, in rascher Folge erfolgten dann Gründungen in Pisa, Livorno, Siena und Perugia. 1735 gab es eine Logengründung in Rom, diese Loge mußte aber auf päpstlichen Druck hin schon 1737 ihre Pforten wieder schließen. Trotzdem bildeten sich weitere Logen in Mailand, Verona, Turin und Padua, und England bestimmte 1739 bereits einen Provinzialgroßmeister für Savoyen und Piemont.

Erst der Einmarsch der Franzosen 1801 führte zu einer Belebung und Reorganisation der Freimaurerei in Italien. Mailand und Neapel waren die neuen Zentren. Mit dem Sturz Napoleons setzte jedoch eine neue Zeit der Verbote und Verfolgungen ein.

Der nun beginnende politische Kampf mit radikalen Tendenzen in Süditalien deckte sich nicht mit den ideellen, liberalen Zielen der Freimaurerei. Zwar trugen die Logen dazu bei, das Gefühl für nationale Einheit und Freiheit eines größeren Italiens zu wecken, jedoch waren sie nicht direkt an der Einigung beteiligt, lediglich einzelne Mitglieder wie Mazzini oder Garibaldi. Im Zuge des ›Risorgimento‹ gründeten 20 Logen 1862 in Turin eine neue Großloge. An dem 1864 einberufenen Kongreß nahmen bereits 70 Logen teil. Dort wurde die Oberleitung der Freimaurerei dem »Grande Oriente d'Italia« mit Sitz in Turin übertragen, der erste Großmeister war Garibaldi selbst.

Alle freimaurerischen Gruppen schlossen sich nach der 1870 erfolgten Einigung zusammen, der Großorient verlegte seinen Sitz nach Rom, und Mazzini wurde zum Großmeister gewählt. Erst 1901 nahm der Großorient seinen Sitz im Palazzo Giustiniani, in dem er noch heute residiert. Im Ersten Weltkrieg erlahmte das Logenleben weitgehend, 1922 erlebte die italienische Freimaurerei, in sich gespalten, den Sieg des Faschismus. Es kam zur ersten großen Auseinandersetzung zwischen einer Diktatur und der Freimaurerei. Schon im Februar 1923 zwang

Mussolini die Faschisten, sich zwischen der Zugehörigkeit zur Freimaurerei oder der faschistischen Partei zu
entscheiden. Der damalige Großmeister erklärte, er sei für
Freiheit und Vaterland, aber gegen jede Gewalt und halte
Faschismus und Freimaurerei für unvereinbar. Bereits in
den folgenden Monaten begannen die Übergriffe. Einzelne Brüder wurden angegriffen, Logengebäude in Brand
gesteckt und Bibliotheken zerstört. Gegen nicht regime-
treue Freimaurer erfolgten Anzeigen, außerdem dehnte
man das Verbot, der Freimaurerei anzugehören, auf alle
Beamten aus. Mit scharfen Strafandrohungen erschien
am 10. Januar 1925 das sogenannte Anti-Freimaurerge-
setz. Mussolini bezeichnete die Freimaurer als »vater-
landsfeindlich und ausländischen Mächten hörig«. Das
Ende ließ nicht lange auf sich warten. Am 25. September
fand eine Sitzung des Großorients in Rom statt, der Großmeister wurde ermächtigt, die Logen aufzulösen, und gab
entsprechende Anweisungen.

Nach dem Zusammenbruch des faschistischen Staates
bildeten sich 1943 zwei Gruppen, die in den Grundzügen
(Ritualpflege, keine Politik, Erfüllung der Bürgerpflich-
ten) übereinstimmten. Durch den Krieg und seine Folgen
bedingt, kamen die beiden Gruppen erst 1946 wieder in
Kontakt, 1949 erreichte man durch die Einflußnahme
einer amerikanischen Delegation eine Einigung. Erstaunlicherweise tat sich fast zehn Jahre lang nichts, und erst
nach langwierigen Verhandlungen unter neuerlichem
amerikanischem Einfluß wurden 1960 endgültig alle
Streitigkeiten beigelegt. Am 24. April dieses Jahres
schlossen sich die beiden Großlogen auf der Basis der
»Alten Pflichten« zusammen. Der »Grande Oriente d'Italia« war damit neu konstituiert, unter seiner Jurisdiktion
arbeiten heute 400 Logen mit über 15.000 Brüdern. Es
gibt aber noch weitere 8.000 Brüder, die der nicht anerkannten irregulären »Gran Loggia d'Italia« angehören.

Der uneinige Zustand der italienischen Freimaurerei

wurde schlagartig einer breiteren Öffentlichkeit bekannt, als es 1981 zu dem »P2«-Skandal kam, dessentwegen die 40. italienische Nachkriegsregierung am 26. Mai 1981 zurücktrat. Ursache war eine geheime Loge namens »P2« (= »Propaganda due«). Die Medien der ganzen Welt ergingen sich in abenteuerlichsten Spekulationen. Endlich hatte man eine Organisation gefunden, die an vielen in Italien verkehrt gelaufenen Dingen die Schuld trug, der Phantasie der Presse waren keine Grenzen gesetzt. Es konnte jedoch nachgewiesen werden, daß diese ominöse Gruppe »P2« niemals getagt hatte, sondern daß sich alles auf einen Mann namens Gelli konzentrierte, der zwar einmal Freimaurer gewesen, aber schon 1976 aus dem »Grande Oriente d'Italia« ausgeschlossen worden war. Dennoch: Die ehrbaren und traditionsreichen italienischen Freimaurerlogen hatten unverschuldet einen schweren Rückschlag erlitten.

Spekulationen und Verdächtigungen griffen auf die Weltpresse über. Keine freimaurerische Organisation auf der Welt blieb von diesem journalistischen Flächenbrand verschont. Selbst England mit seinen über 300.000 Freimaurern mußte sich einiger Attacken erwehren.

In Deutschland boten die Hetzkampagnen der früheren Ludendorff-Bewegung sowie die Verfolgung und das Verbot der Freimaurerei im Dritten Reich einen Nährboden für antifreimaurerische Spekulationen, die manchen kirchlichen Kreisen nicht ungelegen kamen. So hat der italienische Skandal erkennbar Schaden gestiftet. Er leistete Denkweisen Vorschub, die nicht nur für die Freimaurerei gefährlich sind. Sie wurden deshalb von namhaften Kommentatoren als Angriff auf Vereinigungsfreiheit und Privatsphäre angesehen.

IV. Die Freimaurer in Deutschland

Die Wiege der deutschen Freimaurerei stand vor mehr als 250 Jahren in Hamburg. In der Matrikel der Vereinigten Großlogen von Deutschland ist unter der Nummer 1 die »Loge d'Hambourg« – später umbenannt in »Absalom zu den drei Nesseln« – verzeichnet. Die Gründungsmitglieder waren Idealisten, die dem erwachenden Geist der Freiheit Leben geben und revolutionäre Gedanken der damaligen Zeit diskutieren wollten. 1737 waren Diskussionen über Meinungs- und Gewissensfreiheit im absolutistischen System jener Zeit nur im geheimen möglich. Die Logen boten einen Schutzraum, der es erlaubte, eine neue geistige Strömung zu begründen. Ursprung und Geschichte der Freimaurerei sind eng verbunden mit der Aufklärung, dem Aufbruch des Menschen aus seiner selbstverschuldeten Unmündigkeit (nach Kant).

Bis auf den heutigen Tag ist aber die Geschichte der deutschen Freimaurerlogen auch eine Geschichte der Irrungen und Wirrungen – oft um formale Dinge und bessere Organisationsformen. Sie zeugt allerdings auch von unbeirrbarem Glauben an die unzerstörbare Idee der alten Bruderschaft. Das heutige Staatsgebiet war jahrhundertelang in kleinere Länder und Fürstentümer unterteilt. Jeder Großherzog hatte den Ehrgeiz, eine eigene Armee, ein eigenes Staatstheater und auch seine eigene Loge zu haben. Die Freimaurerei blieb von diesen separatistischen Tendenzen nicht verschont, und so setzten sich in den einzelnen Ländern verschiedene freimaurerische Lehrarten fest. Es konstituierte sich eine ganze Reihe von Großlogen mit unterschiedlicher Entwicklung. Erst die Zäsur am Ende des Zweiten Weltkriegs schuf die Voraussetzung für einen Neubeginn. Um die spätere Einigung besser verstehen zu können, folgt nachstehend eine kurze Übersicht über die früheren deutschen Großlogen.

Aubau der
Vereinigten Großlogen von Deutschland

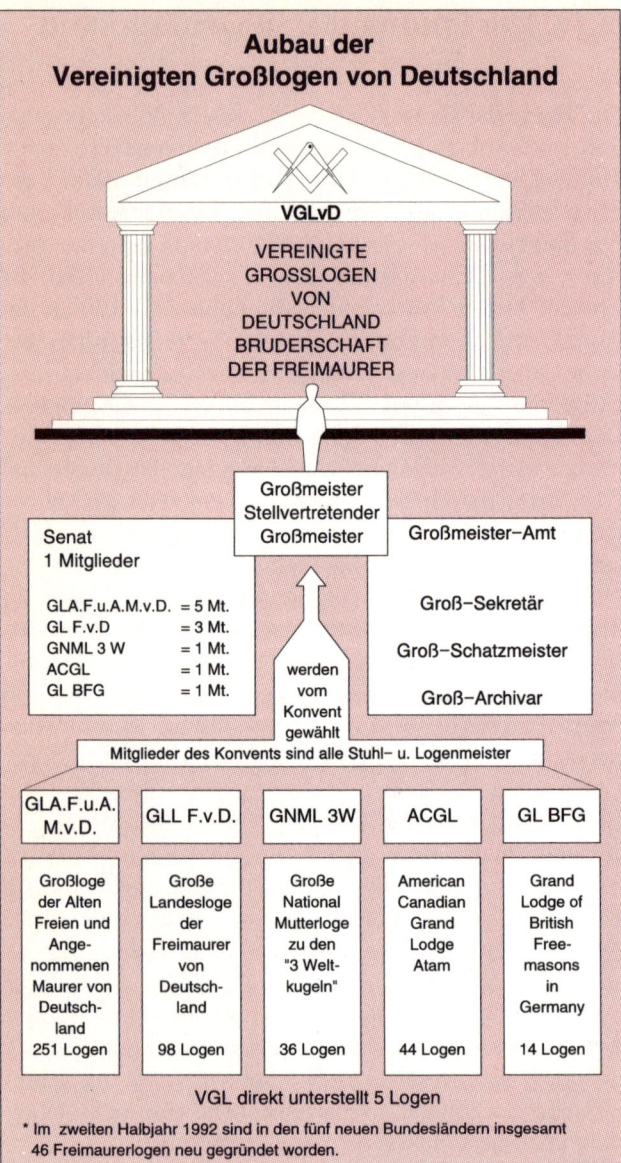

VGLvD

VEREINIGTE
GROSSLOGEN
VON
DEUTSCHLAND
BRUDERSCHAFT
DER FREIMAURER

Großmeister
Stellvertretender
Großmeister

Senat		Großmeister-Amt
1 Mitglieder		
GLA.F.u.A.M.v.D.	= 5 Mt.	Groß-Sekretär
GL F.v.D	= 3 Mt.	
GNML 3 W	= 1 Mt.	Groß-Schatzmeister
ACGL	= 1 Mt.	
GL BFG	= 1 Mt.	Groß-Archivar

werden
vom
Konvent
gewählt

Mitglieder des Konvents sind alle Stuhl- u. Logenmeister

GLA.F.u.A. M.v.D.	GLL F.v.D.	GNML 3W	ACGL	GL BFG
Großloge der Alten Freien und Ange-nommenen Maurer von Deutsch-land	Große Landesloge der Freimaurer von Deutsch-land	Große National Mutterloge zu den "3 Welt-kugeln"	American Canadian Grand Lodge Atam	Grand Lodge of British Free-masons in Germany
251 Logen	98 Logen	36 Logen	44 Logen	14 Logen

VGL direkt unterstellt 5 Logen

* Im zweiten Halbjahr 1992 sind in den fünf neuen Bundesländern insgesamt 46 Freimaurerlogen neu gegründet worden.

Große National-Mutterloge
»Zu den drei Weltkugeln«

Die Geschichte dieser Loge ist eng mit der 1738 erfolgten Aufnahme von Friedrich II. durch Hamburger Brüder in Braunschweig verbunden. Am Hofe Friedrichs II. in Berlin wurde die Loge dann installiert; sie arbeitete zuerst nach der englischen Lehrart, schloß sich aber schon bald der *Strikten Observanz* an. Bei dieser »Strikten Observanz« handelt es sich um ein in der Mitte des 18. Jahrhunderts entstandenes Hochgradsystem, das seinen Ursprung auf die Tempelritter zurückführte. Auf dem »Wilhelmsbader Konvent« von 1782 wurde das System aufgelöst. Nach dem Konvent erklärte sich die »Große National-Mutterloge« für unabhängig und nahm ein abgeändertes System an, in dem die Hochgrade nur noch als Erkenntnisstufen galten.

Vor dem Verbot durch die Nationalsozialisten zählte die Großloge 1933 insgesamt 177 Logen mit 22.700 Brüdern. Nach ihrer Neugründung gehört sie seit 1970 den »Vereinigten Großlogen von Deutschland« (VGLvD) an.

Große Loge von Preußen, genannt
»Royal York zur Freundschaft«

1760 gründeten im Siebenjährigen Krieg gefangene französische Offiziere in Berlin die Loge »Aux trois Colombes«. Nach Aufnahme des Herzogs Eduard August von York änderte man den Namen in »Royal York de l'Amitié«. Man erhielt 1768 ein Patent aus London als Mutterloge und nannte sich jetzt »Provinzialloge der Brandenburgischen Staaten«. Kurz vor dem Verbot hatte die Großloge 1932 bereits 104 Mitgliedslogen mit 11.500 Brüdern. Nach 1945 schlossen sich die wiedererstandenen Logen der Großloge A.F.u.A.M. an und sind damit seit 1958 Mitglied in den VGLvD.

Großloge »Kaiser Friedrich Zur Bundestreue«

1892 gründete Hermann Settegast diese Großloge in Berlin. Obgleich sie sich schon 1900 der Großen Loge von Hamburg anschloß und damit zu existieren aufhörte, hat sie doch insofern Bedeutung in der deutschen Freimaurerei, als mit ihr zum erstenmal das *Sprengelrecht* der altpreußischen Großlogen durchbrochen und das Ergebnis auch vom Reichsgericht in Leipzig bestätigt wurde.

Große Landesloge der Freimaurer von Deutschland

Der Chef des Medizinalwesens der Preußischen Armee, Kellner von Zinnendorf, gründete 1770 diese Großloge, die 1773 von London anerkannt wurde, sich allerdings schon 1786 wieder von England löste. Die Großloge nahm eine stetige und bedeutende Entwicklung und zählte 1782 bereits 62 Johannislogen. Provinziallogen entstanden in Österreich, Schlesien, Pommern, Niedersachsen, Rußland und Mecklenburg. 1774 wurde die Loge dem königlichen Protektorat unterstellt. Die Lehrart basierte auf den »Eckleffschen Akten«, die Zinnendorf in Schweden gekauft hatte. Diese Akten wiesen jedoch historische Lücken auf, die nicht zu schließen waren. Der damalige Ordensmeister Friedrich III. trat zurück, weil er die historische Wahrheit über alte Legenden stellte. Die Große Landesloge hatte 1932 rund 22.300 Mitglieder, die in 173 Logen organisiert waren. Heute ist die Große Landesloge (GLL F.v.D.) Mitglied der VGLvD.

Große Loge von Hamburg

(ehemals englische Provinzialloge von Hamburg und Niedersachsen)

1737 wurde von England aus in Hamburg die »Loge d'Hambourg – Société de Maçons libres de la ville de

40

Hambourg« gegründet. Sie nannte sich 1741 erstmals »Absalom«, später »Absalom zu den drei Nesseln«. Bereits 1740 ließ Mathias Lüttmann sie in London in das Logen-Register eintragen; dadurch wurde sie englische Provinzialgroßloge und Lüttmann Provinzialgroßmeister von Hamburg und Niedersachsen.

Ein bedeutendes Ereignis für die deutsche Freimaurerei war die Aufnahme Friedrichs II. in den Freimaurerbund. Sie erfolgte am 10. August 1738 durch eine Delegation der Hamburger Loge in Braunschweig in aller Heimlichkeit um Mitternacht. Ein weiteres bedeutendes Ereignis war 1771 die Aufnahme Lessings in die Hamburger Loge »Zu den drei Rosen«, finden sich doch in seinen Schriften freimaurerische Gedanken in letzter Vollendung und sprachlicher Schönheit.

Im Zuge der napoleonischen Besetzung erklärte sich 1811 die Provinzialloge zur unabhängigen Großloge, um nicht vom »Grand Orient de France« als Provinzialloge vereinnahmt zu werden. England verstand und tolerierte diesen Schritt. Der Schauspieldirektor Friedrich Ludwig Schröder von der Loge »Emanuel zur Maienblume« wurde 1814 ihr Großmeister. Mit dem von ihm geschaffenen Ritual wurde er der Reformator der deutschen Freimaurerei. Die Anerkennung der Großloge durch England blieb nicht aus. 1900 schloß sich Settegast mit seiner kurzlebigen Großloge an und gründete damit eine Provinzialloge von Hamburg in Berlin. Zeitweise unterstand ihr auch die Loge »Pilgrim« in London.

1932 hatte die Große Loge von Hamburg 56 Tochterlogen mit über 5.000 Brüdern in aller Welt. Sie stand in hohem Ansehen; ihre nördlichste Tochterloge befand sich in Hammerfest, ihre entfernteste in Schanghai. Noch heute bedeutende Logen in Südafrika und Südamerika gehörten zu ihr. Unter schwierigen Begleitumständen etablierte sich noch 1935 ein »Stellvertretender Ausschuß« in Valparaíso in Chile, der ihre Interessen im Exil wahrnahm.

1945 erfolgte die Rekonstituierung, ihr letzter Großmeister war Pastor Wilhelm Hintze. Er ließ 1949 beim Gründungsakt der ersten VGL (A.F.u.A.M.) in der Frankfurter Paulskirche auch ihr Licht symbolisch einbringen und wurde Ehrengroßmeister der VGL.

Großloge des Königreiches Hannover

1755 als Provinzialgroßloge unter einem eigenen Provinzialgroßmeister gegründet, übernahm sie 1801 das Schrödersche Ritual von Hamburg. Während der napoleonischen Besetzung schloß sie sich 1810 dem »Großorient von Westfalen« an. 1814 kam es zu einer Wiederbelebung der alten englischen Provinzialloge von Hannover, die sich 1828 von der englischen Mutter trennte und fortan »Große Loge des Königreiches Hannover« nannte. 1856 übernahm Georg V. von England das Protektorat, doch 1866 kam das Königreich Hannover zu Preußen, die Loge verlor ihre Selbständigkeit und schloß sich der Großloge »Royal York zur Freundschaft« in Berlin an. Sie existiert heute nicht mehr.

Große Mutterloge des Eklektischen Freimaurerbundes

Anläßlich der Krönung Karls VII. im Jahre 1741 in Frankfurt gegründet, erhielt sie 1743 ein Patent aus London. Die Loge durchlebte eine sehr unruhige Periode und entschloß sich 1783 nach dem »Wilhelmsbader Konvent«, zu den alten Grundsätzen zurückzukehren und aus allen Systemen die besten Teile auszuwählen. 1933 zählte der »Eklektische Bund« 24 Logen mit 3.500 Brüdern, er löste sich mit Beginn des Dritten Reiches auf. Nach 1945 erfolgte eine Neugründung, die ehemaligen Logen schlossen sich dann der Großloge A.F.u.A.M. an und wurden so 1958 Mitglied der VGLvD.

Große Landesloge von Sachsen

Ein Sohn König Augusts des Starken gründete 1738 die erste Loge in Dresden. 1811 erklärten sich mehrere sächsische Logen zur »Großen Landesloge von Sachsen«. Man bearbeitete keine Hochgrade. Es herrschte zwar Ritualfreiheit, jedoch arbeitete man meist nach dem Schröderschen Ritual. Die bekanntesten Leipziger Logen »Minerva zu den drei Palmen« und »Balduin zur Linde« blieben jedoch außerhalb der Großloge selbständig bestehen. 1932 hatte die Großloge 44 Mitgliedslogen mit 7.200 Brüdern; nach 1933 wurde sie aufgelöst.

Großloge »Zur Sonne« in Bayreuth

Diese Loge wurde vom Schwager Friedrichs des Großen, dem Markgrafen von Brandenburg-Bayreuth 1741 als Schloßloge in Arbeit gesetzt. Als Stadtloge erklärte sie sich 1744 zur Mutterloge und gründete Tochterlogen in Ansbach und Erlangen. Es folgten die im 18. Jahrhundert üblichen Wirrungen, 1764 trat die Loge zur »Strikten Observanz« über, ruhte von 1764 bis 1779 und schloß sich 1791 der Berliner Großloge »Zur Freundschaft« an. 1807 war sie deren Provinzialloge, machte sich aber 1810 frei, nannte sich Großloge und arbeitete nach dem Feßlerschen Ritual. 1810 fiel Bayreuth an Bayern, mit der Folge, daß sie nun als »Große Provinzialloge ›Zur Sonne‹« geführt wurde. Durch Angriffe der katholischen Kirche büßte sie dann 50 Prozent ihrer Mitglieder ein. Der große Schweizer Staatsrechtler Johann Caspar Bluntschli reformierte als ihr Großmeister die Verfassung, es wurden Tochterlogen in Norwegen, Rumänien und 1920 sogar in der Tschechoslowakei gegründet. 1932 zählte die Großloge 45 Logen mit 4.000 Brüdern. Nach Verbot im Dritten Reich und Wiedererrichtung nach 1945 schlossen sich die Logen der GL A.F.u.A.M. an und sind seit 1958 in den VGLvD.

Großloge »Deutsche Bruderkette« in Leipzig

Die freie Vereinigung von fünf Logen, die sich keiner Großloge anschließen wollten, bildete 1883 eine eigene Großloge, die »Deutsche Bruderkette«, der sich 1924 noch drei weitere Logen anschlossen. Unter den Mitgliedslogen herrschte Ritualfreiheit. 1932 hatte man 2.200 Brüder. Die Großloge wurde dann 1933 zur Auflösung gezwungen.

Freimaurerbund zur aufgehenden Sonne (FzaS)

Dieser Bund konstituierte sich 1905 als Freidenkervereinigung, wurde dann aber als Loge geführt. Ihre Freimaurerei war religionslos und beruhte auf monistischer Weltanschauung. 1910 hatte der Bund bereits über 1.000 Mitglieder, wurde indessen von den anderen Großlogen nicht als regulär anerkannt. Teile spalteten sich ab, lehnten den Monismus als unbedingte Grundlage ab und gingen zur regulären Freimaurerei über. Wegen seiner pazifistischen Gesinnung erlebte der FzaS nach dem Ersten Weltkrieg einen Aufschwung, 1921 wurde er vom »Grand Orient de France« anerkannt. In der Folge kam es zu Auseinandersetzungen, da sich ein Teil der Brüder bereits in Frankreich regularisieren ließ. Ein weiterer bedeutender Teil spaltete sich 1930 ab und schuf die »Symbolische Großloge von Deutschland«, 1933 löste sich der FzaS auf. Nach dem Zweiten Weltkrieg wurde in Hamburg-Altona der FzaS neu gegründet. Er schloß sich der Großloge A.F.u.A.M. an, womit er seit 1958 Mitgliedsloge der VGLvD ist.

Symbolische Großloge von Deutschland

Wie erwähnt, gründeten 1930 etwa 600 Brüder die »Symbolische Großloge von Deutschland«, die aber vom Deutschen Großlogenbund nicht als regulär anerkannt wurde.

44

Im Gegensatz zu den Großlogen in der Weimarer Republik setzte sich die Symbolische Großloge stets für den internationalen freimaurerischen Verkehr ein, war in ihrer Grundhaltung pazifistisch und widmete sich sehr stark sozialen Fragen. Ihr erster Großmeister war Leo Müffelmann. 1932 hatten sich schon 26 Logen mit 1.200 Brüdern den »Symbolikern« angeschlossen, aber bereits am 15. April 1933 ließ Müffelmann alle deutschen Tochterlogen der Symbolischen Großloge schließen. Sämtliche Unterlagen wurden nach Palästina verbracht, wo bereits 1931 von deutschen Brüdern eine Tochterloge der Symbolischen Großloge gegründet worden war. Diese deutsche Loge in Palästina »Zur Quelle Siloah« bewahrte das deutsche freimaurerische Licht im Exil, so daß es 1949 bei der Gründungsversammlung der »Vereinigten Großloge von Deutschland« in der Frankfurter Paulskirche vom ersten Großmeister Theodor Vogel dankbar wieder in Empfang genommen werden konnte. Die Loge »Zur Quelle Siloah« arbeitet noch heute unter der Matrikelnummer 26 der Großloge von Israel in Jerusalem in deutscher Sprache.

V. Die Vereinigten Großlogen von Deutschland (VGLvD)

In den Jahren 1933 bis 1935 stand die deutsche Freimaurerei den existenzbedrohenden Kräften des Nationalsozialismus uneins und weitgehend hilflos gegenüber. Teilweise erfolgten sogar – in unrealistischer Einschätzung der Absichten der neuen Machthaber – Anpassungsversuche. Auch sie konnten aber die folgende Verbotszeit nicht abwenden. Aus diesen Erfahrungen heraus ergab sich nach dem Zusammenbruch der allseitige Wunsch, eine starke Gesamtvertretung zu schaffen. Noch behindert durch die unterschiedlichen Besatzungsmächte, bildeten sich starke regionale Zusammenschlüsse. Mit enormer Energie betrieb von Bayern aus Dr. Theodor Vogel die ersten Schritte zur Einigung. Überzeugt von der entscheidenden Bedeutung der gemeinsamen Beratungen für das Schicksal der deutschen Freimaurerei, setzte sich endlich das Bekenntnis durch, daß es nur eine Freimaurerei gebe. Die Sehnsucht vieler freimaurerischer Generationen nach Zusammenarbeit bildete die Basis für das neu zu Schaffende, ohne Form und Geist der einzelnen Lehrarten anzutasten.

So kam es schließlich am 19. Juni 1949 zur Gründung der »Vereinigten Großloge von Deutschland« in der Frankfurter Pauls-Kirche. Das von der Symbolischen Großloge im Exil von 1933 bis 1949 in Jerusalem und gleichfalls von einem »Stellvertretenden Ausschuß« der Großen Loge von Hamburg in Valparaíso/Chile gehütete Licht konnte wieder in eine freie Bruderschaft eingebracht und entzündet werden.

174 Mitgliedslogen aus zehn Großlogen traten bei. Das Gründungsereignis hatte eine ungeheure Signalwirkung auf die noch abseits stehenden Großlogen. Entscheidend für den endgültigen Zusammenschluß war aber die unwi-

Die Freimaurer in Deutschland
Städte mit mehreren Freimaurerlogen

derrufliche Anerkennung durch die Vereinigte Großloge von England, die am 5. Dezember 1956 erfolgte. Auf einer Großmeister-Konferenz am 14. Juni 1957 in London waren auch die beiden deutschen Großlogen »VGL A.F.u.A.M.« und »GLL F.v.D.« vertreten. Sie wurden

47

aufgefordert, »sich um der Jugend, um der Zukunft willen«, endlich zu einigen. Diesem Appell mochte sich die noch abseits stehende »Große Landesloge« nicht mehr entziehen, sie schloß sich am 27. April 1958 mit der »Vereinigten Großloge von Deutschland« zu den »Vereinigten Großlogen von Deutschland, Bruderschaft der deutschen Freimaurer« zusammen. Die erste deutsche Einigkeitsgroßloge benannte sich dann – um Verwechslungen zu vermeiden – zunächst in »Große Landesloge« und später in »Großloge der Alten Freien und Angenommenen Maurer von Deutschland« um.

Das Grundgesetz bildete die Magna Charta der Deutschen Freimaurer aus dem Jahre 1958. Der bisherige Großmeister Theodor Vogel wurde vom Konvent in seinem Amt bestätigt. 1970 traten die »Große National-Mutterloge ›Zu den drei Weltkugeln‹« und die bisherigen Provinzialgroßlogen der Amerikanisch-Canadischen Freimaurer und der Britischen Freimaurer als gleichberechtigte Partner dem VGLvD bei und erhielten gleichfalls Sitz und Stimme im Senat.

Eine erste inhaltliche Reform der Magna Charta wurde im Oktober 1979 auf einem Konvent in Berlin verabschiedet und hatte eine klarere Beschreibung der Gemeinschaftsaufgaben der VGLvD zum Gegenstand. Auf dem Konvent 1982 erfolgte dann eine vollständige Neufassung und Straffung des gesamten Verfassungs- und Gesetzeswerkes. Die reguläre Freimaurerei in Deutschland blickte auf Jahre der Entwicklung und des Werdens zurück, ehe sie endlich ihre gesicherte Einheit in der Vielheit fand.

VI. Die Organisation

Die *Freimaurerei* ist eine weltbürgerliche Bewegung mit dem humanitären Ideal des nach Vervollkommnung strebenden Menschen. Der Name stammt von den freien Steinmetzen an den mittelalterlichen Bauhütten und wird in symbolischer Bedeutung gebraucht. Jeder Freimaurer hat sich verpflichtet, nach Wahrheit, Menschenliebe, Selbstkritik und Toleranz zu streben. Die Freimaurer verehren Gott im Symbol des »Allmächtigen Baumeisters aller Welten«. Sie setzen sich für eine allgemeine humanitäre Ethik ein, bekämpfen Totalitarismus auf politischem und religiösem Gebiet und treten für ein friedliches, sozial gerechtes Zusammenleben ein.

1. Aufbau und Brauchtum

Die Vereinigungen der Freimaurer heißen *Logen*. Die Freimaurerei erkennt nur solche Logen an, die nach einem gültigen *Ritual* arbeiten und ein *Patent* zur Arbeit von einer genehmigten *Großloge* besitzen. In jedem Land gibt es eine oder mehrere Großlogen. Nicht anerkannte Logen heißen *Winkellogen*. Die Logenmitglieder wählen einen *Logenmeister* (»Meister vom Stuhl«) und *Logenbeamte* für eine bestimmte Amtszeit, die Großlogen ebenfalls für eine bestimmte Amtszeit den *Großmeister* und die *Großbeamten*.

Die Logenmitglieder nennen sich untereinander *Brüder*, sie können mehrere Erkenntnisstufen, auch *Grade* genannt, bearbeiten. Die ersten drei Stufen sind: Lehrling, Geselle und Meister. Hierauf bauen weiterführende Grade auf. Diese weiterführenden Grade, die auch als *Hochgrade* bezeichnet werden, können entweder im »Alten und Angenommenen Schottischen Ritus« (A.A.S.R.) oder im »York Ritus« (YR) erworben werden. Beide

Brauchtum

Der Freimaurerbund pflegt ein überliefertes Brauchtum, das auf die mittelalterlichen Dombauhütten und deren Vorläufer zurückgeht. Die rituellen Arbeiten dienen

– der Einfügung neuer Mitglieder in die Gemeinschaft,
– der Vertiefung menschlicher Bindungen innerhalb der Bruderschaft,
– der Besinnung auf die moralischen Normen des Freimaurerbundes,
– der Sammlung und Erbauung des einzelnen Bruders.

Die freimaurerischen Hauptsymbole sind das Buch des Heiligen Gesetzes, das Winkelmaß und der Zirkel. Sie erinnern an die ethischen Verpflichtungen des Menschen, seine Verbundenheit mit seinen Mitmenschen und seinen Bezug zur Transzendenz. Die Freimaurerei verzichtet auf jede inhaltliche Festlegung religiöser Symbole. Sie überläßt dies der persönlichen Überzeugung des einzelnen Bruders.

Obwohl die Zusammenkünfte der Freimaurer keineswegs immer in Formen des Brauchtums ablaufen, spielen die einem vorgegebenen Ritual folgenden Tempelarbeiten eine zentrale Rolle. Dabei ist es müßig, darüber zu streiten, ob die rituelle Arbeit Zweck oder Mittel des Bundes ist, ob die Gemeinschaft das Ritualerlebnis erst ermöglicht, oder ob umgekehrt das Brauchtum primär der Definition der Gemeinschaft dient. Unbestritten ist, daß sich alle freimaurerische Aktivität um die Zusammenkünfte in der Bauhütte, auch »Tempelarbeiten« genannt, als Kern entfaltet. Es ist zu vermuten, daß die Lebenskraft des Freimaurerbundes nicht zuletzt auf seinem im wesentlichen seit Jahrhunderten unveränderten Schatz an Formen und Symbolen beruht. Der Freimaurerbund geht von der elementaren Erfahrung aus, daß seelische Vorgänge für ihre dauernde Wirksamkeit eines sinnlichen Ausdrucks bedürfen. Hierzu bedient sich die Freimaurerei einer Vielzahl von Symbolen und symbolischen Handlungen, die zwar – oft naheliegende – Ausdeutung erfahren, jedoch nicht verbindlich ausgelegt werden. So wird etwa das »Buch des Heiligen Gesetzes« in aller Regel durch die Bibel dargestellt. Diese wird hier jedoch weder als Ausdruck göttlicher Offenbarung noch als Aufzeichnung menschlicher Geschichte verstanden, sondern allein als Symbol für die Gesamtheit sittlicher Normen und Werte.

Mit ihren rituellen Zusammenkünften schafft die Loge Räume der Ruhe und Kontemplation, die gerade der Mensch unserer Zeit oft entbehren muß. Dabei will die freimaurerische Tempelarbeit die emotionale und rationale Seite des Menschen in gleicher Weise ansprechen. Handlungen, Worte und nicht zuletzt Musik bilden eine Einheit der Erlebniswelt, die schwer mitgeteilt, eigentlich nur erfahren werden kann.

Systeme arbeiten weltweit und stellen nach Lehre und Aufbau wichtige Stufen freimaurerischer Fortbildung dar. Ihre Rituale und Symbole sind reich an Schönheit und Gedankentiefe. Die Mitglieder ihrer jeweils höchsten Grade können die Mitgliedschaft im »Shrine« (»Alter Arabischer Orden der Edlen vom mystischen Schrein«) erwerben. Der »Shrine« ist die größte freimaurerische karitative Einrichtung auf der Welt, die in vielen Ländern Kliniken und Studienanstalten unterhält, wie beispielsweise die Mayo-Klinik.

Die »Große Landesloge F.v.D.« und die »Große Natio-

Schau in Dich!

Der Lehrlings- Grad
- die Stufe der Selbsterkenntnis -
hat als Symbol den unbehauenen Stein.
Er stellt den - zunächst
unvollkommenen - Menschen dar.
Den Stein zu formen - zu behauen - , ist
die Aufgabe und Arbeit des Lehrlings.

Schau um Dich!

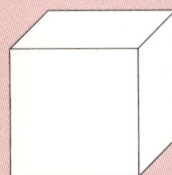

Der Gesellen- Grad
- die Stufe der Selbstbeherrschung -
hat als Symbol den kubischen Stein.
Wie er durch seine winkelrechte Form
sich mit den anderen behauenen Steinen
in den Tempelbau einpassen läßt,
so soll sich auch der Geselle harmonisch
in die Gemeinschaft einfügen.

Schau über Dich!

Der Meister- Grad
- die Stufe der Selbstveredelung -
hat als Symbol das Reißbrett.
Auf ihm entwirft der Meister
die Zeichnung, die zur Vollendung
des Tempelbaus führen soll,
mit Hilfe von Winkelmaß
und Zirkel.

nal-Mutterloge ›Zu den drei Weltkugeln‹ « haben, im Gegensatz zur »Großloge der Alten Freien und Angenommenen Maurer«, ein in ihre Lehrart eingebundenes System, das vom ersten bis zum höchsten Grad innerhalb der Lehrart auf nationaler Ebene bearbeitet wird.

Das Leben in den Logen ist bestimmt durch rituelle Arbeiten, Feiern und Geselligkeit. Es gibt Erkennungszeichen nach Wort und Griff. Die Arbeitsstätten heißen *Tempel.*

Die Seite des Tempels, an welcher der »Meister vom Stuhl« sitzt, bezeichnet man als Osten. Von dort am Altar empfängt der Suchende das »maurerische Licht«. Da die Sonne, also das Licht, im Osten aufgeht, wird der Osten als Quelle des geistigen Lichtes, der Wahrheit und der Weisheit angesehen. Mit dem Osten bezeichnet man den Ort der rituellen Raumordnung.

Bei der Tempelarbeit liegt ein Teppich in der Mitte der Loge. Die darauf verzeichneten Symbole sind je nach Lehrart und Erkenntnisstufe verschieden. Zu Beginn einer Arbeit wird der Teppich rituell aufgedeckt und am Schluß wieder verhüllt. In früherer Zeit wurde die Arbeitstafel mit Kreide auf den Fußboden gezeichnet. Heute verwendet man gewebte und gestickte Teppiche, auf denen ganze Gruppen von Symbolen dargestellt sind, die zur Vermittlung der jeweiligen Lehrinhalte dienen. Die Symbole haben teils materiellen, teils transzendenten Charakter. Sie sollen in ihrer Gesamtheit der Weihe und der inneren Sammlung dienen. Für den Freimaurer ist der Teppich der symbolische Bauplan seines Lebens, wobei sich ihm die Symbole erst im Laufe der Jahre voll erschließen.

2. Symbole

Die *Symbole* kennzeichnen die freimaurerische Sprache und Ausdrucksweise. Sie sind das wichtigste Ausdrucksmittel im Ritual. Durch die symbolische Grundlage hebt

Der Stern

Der Stern entsteht aus zwei Dreiecken,
dem zum Himmel und dem
zur Erde weisenden.
Er ist das Symbol der Allmacht,
die die Freimaurer als
"Allmächtigen Baumeister aller Welten "
bezeichnen.

sich die Freimaurerei von anderen Gemeinschaften gleicher oder ähnlicher Zielsetzung ab. Das gemeinsame
Erkennen und Erleben der Symbole während der Tempelarbeit bildet den Kernpunkt. Ein besonders dramatisches
Symbol ist der rohe (rauhe) Stein, der zum kubisch behauenen Stein werden soll, um sich dann nahtlos in den
geistigen Menschheitsbau einzufügen.

Die *Werksymbole* wie Zirkel, Winkelmaß, Senkblei,
Winkelwaage und Maßstab sind aus der Tätigkeit der
alten Bauhütten entlehnt. Bei der Wandlung von der ope-
rativen zur spekulativen Maurerei verloren die Werkzeu-
ge ihren praktischen Sinn und gewannen im Gegenzug
ihre symbolische Bedeutung.

Die *Natursymbole,* etwa Sonne, Mond, Sterne, die vier
Elemente und die Rose, stammen aus alten Mysterienkul-
ten und stehen für die Kräfte der Natur.

Die *Ursymbole* wie Kreis, Quadrat, Dreieck, der flammende Stern, das Kreuz und die Bibel lenken das Bewußtsein auf Gott, aber auch auf Tod, Wiedergeburt und Unsterblichkeit. Trotz der Einheitlichkeit und Eindeutigkeit der Symbole sind sie an keine dogmatische Auslegung gebunden. Die Auslegung wird jedem einzelnen Bruder selbst überlassen. Die Wirkung eines Symbols kann nur erlebt, aber nicht beschrieben, also auch nicht ›verraten‹ werden.

Jede Loge hat ein *Logenabzeichen* (Bijou), das zur freimaurerischen Bekleidung gehört und bei den rituellen Arbeiten getragen wird.

In früheren Zeiten fanden die Logenarbeiten in Gast-

Logenabzeichen

Das Logenabzeichen (Bijou) wird dem Bruder bei der Aufnahme übergeben und bleibt Eigentum der Loge. Man trägt es an der linken Brustseite oder mit einem Band um den Hals. Die Gestaltung ist der Loge überlassen.

Die »Beamten« der Loge tragen während der Arbeit ein »Beamtenabzeichen« am blauen Band um den Hals, das auf die Funktion hinweist, die sie ausüben:

1. Meister vom Stuhl (Logenmeister)
2. Erster Aufseher
3. Zweiter Aufseher
4. Protokollierender Sekretär (Schriftführer)
5. Korrespondierender Sekretär
6. Zeremonienmeister (Ordner)
7. Schatzmeister
8. Redner
9. Wachhabender
10. Schaffner

Heute gebräuchlicher **Teppich der Loge**
(Aus »Die Teppicherklärung«, dwi, S. 147–151)

Dieser Teppich wurde die Grundlage zum A.F.- und A.M.-Teppich. Jürgen Diener schreibt dazu: »Wir haben uns bemüht, die Formen so einfach und prägnant wie nur möglich zu halten. Der Teppich soll kein Gemälde sein. Er ist nach den Grundsätzen der Heraldik zu formen und soll nur reine Farben enthalten. Wir haben eine Farbe und ein Metall genommen, also Schwarz-Weiß, man könnte auch Blau und Gold nehmen. Auch im Anfang der Symbolfreimaurerei, also etwa im 18. Jahrhundert, herrschte die einfache und schlichte Form vor.«

Acte Arbeitstafel im Lehrlingsgrade
(Tracing Board nach dem Strict Emulation Working)

Das beherrschende Symbol ist die »Jacobsleiter« mit einer
Reihe von christlichen Symbolen auf den Stufen. An der Spitze
dieser Leiter steht der »Flammende Stern« mit sieben Zacken.
Außerdem erkennen wir Sonne und Mond und die häufig auf
englischen Arbeitstafeln deutlich dargestellten Wolken, durch
die das Licht bricht und aus denen der Wind (Geist) bläst. Die
Jacobsleiter steht auf einem Altar, auf dem mit Zirkel und
Winkel das Hexagrammaton gebildet wird. Als weiteres Symbol
der Göttlichkeit erkennen wir den Kreis mit dem Punkt in der
Mitte (Gottesauge). Beachtenswert sind die drei Säulen mit
einem dorischen, korinthischen und ionischen Kapitell. Weiter
sind die Quasten in den vier Ecken und der schwarz-weiße
Zackenrand zu beachten. Tore oder Fenster fehlen auf der Tafel
und in der Umrandung.

häusern statt. Später gingen die Logen dazu über, selbst Grundbesitz zu erwerben. Das *Logenhaus* enthält Räume für rituelle Arbeiten (Tempel), für Logenversammlungen, die Bibliothek und ein Restaurant für eine gemeinsame Tafel. Die Verhältnisse können jedoch von Ort zu Ort sehr unterschiedlich sein.

3. Rituale

In der Tempelarbeit wird ein *Ritual* verwendet. Die freimaurerischen Rituale der »Johannismaurerei«, also die der ersten drei Grade, sind auf der ganzen Welt nach Form und Inhalt sehr ähnlich und können deshalb von jedem Bruder verstanden werden. Das Ritual ist das geistig-seelische Band, das alle Maurer verbindet. Deshalb können sie sich auch in allen Logen der Erde gleichermaßen zu Hause fühlen.

Das Ritual regelt den Ablauf der kultischen Handlung und greift zurück auf die Weisheiten der Mysterienbünde, der Lichtkulte, der philosophischen Schulen und auf das Brauchtum der Steinmetzbruderschaften. Es ist nicht intellektuell und verstandesmäßig zu erfassen, sondern spricht die unbewußten Bereiche des Menschen durch unmittelbares Erleben an. Der Mensch steht in der Welt und fühlt sich als Teil derselben.

Die Rituale haben weder magischen noch religiös-sakralen Charakter und berühren den konfessionellen Glauben der Mitglieder nicht. Sie sind der praktische Bauplan der Bruderschaft; dieser ist weder dem Zeitgeist noch einem modischen Trend unterworfen.

In der rituellen Arbeit erschließen sich dem Bruder Erkenntnisbereiche, die in der heutigen Zeit sonst nur noch wenig gepflegt werden, aber doch für ein erfülltes Leben notwendig sind. Das Erlebnis dieser Ergänzung und dieses Ausgleichs birgt das eigentliche Geheimnis der Freimaurerei.

VII. Karitative und sonstige Einrichtungen

Hilfsbereitschaft wurde nach der vor 275 Jahren erfolgten Gründung der alten Werk- und angenommenen Maurerlogen schnell zur Tradition. Seit jener Zeit haben die Logen und Großlogen weltweit unzählige Waisenhäuser, Schulen, Krankenhäuser, Kindergärten und Altenheime gegründet und betrieben.

1. Karitas

Vor 1933 haben die Logen auch in Deutschland Krankenhäuser und Altenpflegeheime unterhalten, die dann allerdings verstaatlicht wurden. Eines der bekanntesten war das 1801 in Hamburg gegründete Freimaurer-Krankenhaus, das noch heute gemeinsam mit dem Roten Kreuz geführt wird. In Hamburg gibt es auch das freimaurerische Altenheim »Elisabeth«. Die *Karitas* verbindet die ideellen freimaurerischen Ziele mit einer praktischen humanitären Hilfe. So wird in allen deutschen Logen am Ende jeder Tempelarbeit für die Armen gesammelt. Das Geld dient der Unterstützung notleidender Brüder, gegebenenfalls deren Hinterbliebenen und allgemein für wohltätige Zwecke. Natürlich liegt die Hauptlast der finanziellen Unterstützung heute bei den karitativen Großorganisationen und Verbänden mit ihren umfangreichen Hilfsprogrammen, aber im konkreten Einzelfall können Freimaurer durch persönliche Beratung und tätige Mithilfe eine auf Nächstenliebe basierende Tätigkeit entfalten. Dabei hilft ihnen in beträchtlichem Umfang das *Freimaurerische Hilfswerk*. Es hat seinen Sitz in Hamburg und verwaltet ein Spendenaufkommen in Millionenhöhe. Das Freimaurerische Hilfswerk ist Mitglied des Deutschen Paritätischen Wohlfahrtsverbandes und als gemeinnützig anerkannt.

Das *Jugendwerk der Freimaurer e. V.*, unter der Schirmherrschaft des Großmeisters der VGLvD in Berlin, hat den Zweck, die Verständigung der Menschen aller Nationen, Rassen, Glaubensrichtungen und gesellschaftlichen Schichten durch Förderung des Jugendaustauschs zu verbessern. Es verwirklicht dies durch die Vermittlung und Förderung von Jugendlichen und Kindern für einen Aufenthalt bei Gastfamilien im Ausland oder umgekehrt, ohne Rücksicht auf gesellschaftliche Stellung sowie Rassen- oder Religionszugehörigkeit. Hierzu gehört auch die Organisation und Durchführung von Ferienlagern, die Finanzierung von Forschungsarbeiten, die Unterhaltung von Sprachschulen und dergleichen.

2. Forschungslogen

Auch auf dem Gebiet der historischen Forschung ist die Freimaurerei schon immer tätig gewesen. 1951 wurde in Anknüpfung an die ehemaligen historischen Engbünde in Deutschland eine Forschungsloge »Quatuor Coronati« mit Sitz in Bayreuth gegründet. Ihre Arbeit dient nicht einer bestimmten Lehrart, sondern dem Ganzen des Freimaurerbundes. Freimaurerische Historiographie ist heute nicht mehr nur ein bundesinternes Anliegen, sondern Gegenstand zahlreicher Arbeiten, Dissertationen und Publikationen auch sogenannter profaner Wissenschaftler.

Die Bedeutung der Freimaurer als Wegbereiter der Aufklärung und ihre hervorragende Rolle im geistigen, kulturellen und politischen Entwicklungsprozeß unserer Gesellschaft sind heute gesicherte Erkenntnis. Die Erforschung geschichtlicher Zusammenhänge ist kein Selbstzweck. Sie hat auch eminente Bedeutung für das Selbstverständnis der Bruderschaft und für die Aufgaben und Ziele des Bundes in der Zukunft. Darüber hinaus sind die Ergebnisse freimaurerischer Forschung ein bedeutsamer Beitrag zur freimaurerischen Öffentlichkeitsarbeit. Die hier gewonnenen

Erkenntnisse eignen sich langfristig mehr als jedes andere Mittel, Vor- und Fehlurteile in der Gesellschaft abzubauen.

Seit dem Jahre 1982 wurde seitens der Großen Landesloge der Freimaurer von Deutschland unter dem Namen »Frederik« eine freimaurerische Vereinigung zur Erforschung der Ordenslehre in Flensburg reaktiviert, die auf der Tradition der dänischen Johannisloge von 1863 fußt. Aufgabe der Logenvereinigung »Frederik« ist es, die Verbindung zwischen Nord und Süd innerhalb des *schwedischen Rituals* neu zu knüpfen und zu festigen. Dabei verfolgt sie auch das Ziel, das Gemeinsame und die Unterschiede zwischen den Logen, die nach diesem Ritual arbeiten, zu erforschen. Die Forschungsergebnisse werden jedes Jahr in eigenen wissenschaftlichen Publikationen veröffentlicht.

3. Museen und Bibliotheken

Bis 1933 hatten die deutschen Freimaurerlogen umfangreiche und größtenteils wissenschaftlich geordnete Bibliotheken, Siegel- und Urkundensammlungen, die einen kulturellen Querschnitt durch die deutschen Landschaften darstellten. Diese in Generationen gesammelten Bestände wurden 1933 von der Gestapo beschlagnahmt, teils vernichtet, teils als antifreimaurerische Propaganda in Museen ausgestellt. Nach 1945 waren die Reste dieser Bestände in alle Winde zerstreut; einiges fand sich in Polen und in der ehemaligen Sowjetunion, anderes war irgendwo in Privatbesitz gekommen. Mit großer Mühe und viel Engagement sowie dank finanzieller Opfer einzelner Brüder gelang es, soviel Material zu sammeln, daß man wieder an alter Stelle in Bayreuth ein zentrales »Deutsches Freimaurer-Museum« einrichten und der Öffentlichkeit zugänglich machen konnte. Dort wurde auch wieder eine beachtliche Bibliothek aufgebaut, so daß es heute möglich ist, der wissenschaftlichen Forschung mit Material behilflich zu sein.

Durch die »Große Landesloge F.v.D.« ist vor einigen Jahren ein weiteres Museum hinzugekommen, das in einer umgebauten Schule in St. Michaelisdonn untergebracht werden konnte und in dem informative Sammlungen ausgestellt sind.

Weiter gibt es in der niedersächsischen Landesbibliothek in Hannover noch einen »Freundeskreis zur Sammlung und Pflege freimaurerischer Literatur«, der schon beachtliche Bestände sein eigen nennt. Natürlich haben die einzelnen Großlogen so früh wie möglich damit begonnen, wieder lehrartspezifische Bibliotheken und Sammlungen aufzubauen. Diese sind jedoch der Öffentlichkeit nicht zugänglich. Erstaunlicherweise findet sich auch in den Staatsbibliotheken der einzelnen Bundesländer manches, was früher die Logenbibliotheken schmückte. Diese Bestände stehen, wohlkatalogisiert, der Forschung zur Verfügung.

VIII. Die Gegner

Im Laufe ihrer über 275jährigen Geschichte genoß die Freimaurerei in vielen Ländern der Welt zu allen Zeiten gesellschaftliches Ansehen. Kaiser, Könige, Fürsten und Bischöfe gehörten dem Weltbund der Menschlichkeit ebenso an wie bedeutende Männer des Geistes, der Wissenschaft, der Künste, der Wirtschaft und der Politik. Dennoch hat es zu allen Zeiten auch vielgestaltige Angriffe gegen die Freimaurer gegeben. Ihre der Humanität verpflichtete Zielsetzung will Leid und Not mildern und das menschliche Zusammenleben auch über nationale Grenzen hinweg problemloser gestalten. Aus politischen wie aus konfessionellen Gründen sahen sich die Maurer der Geistes- und Gewissensfreiheit schon bald Verfolgungen ausgesetzt, wo immer Logen gegründet wurden.

1. Weltverschwörung

Aus dem Baugedanken entwickelt und der Humanitätsidee verpflichtet, ist der Freimaurerbund tatsächlich international, nach seinen Grundlagen, seiner Symbolik, seinem ethischen Ziel: Der Bund ist international als Gedanke, aber nicht einheitlich in seiner Form und Organisationsstruktur. Das Verbindende bleibt die Idee, die gemeinsame ethische Absicht. Eine einheitliche Leitung und eine Gleichheit im Brauchtum der Großlogen besteht nicht. Die »geheimen Oberen« sind reine Erfindung – es gibt sie nicht. Die Zielsetzung aller Freimaurer ist, unsere Welt menschlicher zu gestalten. Dies soll aber nicht durch eine Organisation geschehen, sondern jeder Bruder bemüht sich darum in seinem persönlichen Umkreis. In diesem Sinne ist die Freimaurerei, wie der Titel einer Broschüre von Jürgen Holtorf lautet, eine »Verschwörung zum Guten«.

2. Diktaturen

Die Freimaurerei ist und war in allen staatlichen Diktaturen verboten. Kommunismus, Faschismus und Nationalsozialismus haben stets die Logenhäuser geschlossen und die Mitglieder des Bundes verfolgt. Auch in der ehemaligen DDR wurde jedes Wiederaufleben der Freimaurerei nach 1945 im Keim erstickt. In den fanatisierten, religiös ausgerichteten Staaten zeigt sich auf der ganzen Welt das gleiche Bild. Im islamischen Iran steht noch heute, im Jahre 1992, die Todesstrafe auf jede freimaurerische Betätigung.

Beim 4. Kongreß der Kommunistischen Internationale wurde erklärt: »Die Freimaurerei ist die unredlichste und infamste Prellerei des Proletariats seitens eines nach der radikalen Seite neigenden Bürgertums. Wir sehen uns gezwungen, sie bis aufs äußerste zu bekämpfen.«

Die Nationalsozialisten propagierten, einer geheimen, weltweiten Verschwörung von Juden und Freimaurern gegenüberzustehen. Eine ihrer Parolen lautete: »Hinter der Weltfreimaurerei steht der ewige Jude!«. Da die Freimaurerei international und weltoffen war, paßte sie nicht in den streng nationalistischen Staat. Hier forderte man ein Denken und Handeln nach streng parteidogmatischen Richtlinien. Die auf demokratischer Grundlage aufgebaute harmonische Weltbruderkette der Freimaurer wurde von der NS-Diktatur nicht nur abgelehnt, sondern mit allen Mitteln bekämpft. »International« war im Dritten Reich praktisch ein Schimpfwort.

3. Kirchen

Die Freimaurerei ist weder eine Religion noch ein Religionsersatz. Sie überläßt ihren Mitgliedern ihren eigenen Weg zu Gott. Schon in den »Alten Pflichten« von 1723 heißt es: »Heute hält man es jedoch für ratsamer, sie (die

Freimaurer) nur zu der Religion zu verpflichten, in der alle Menschen übereinstimmen, und jedem seine Überzeugung zu belassen.« Die Freimaurerei bietet ihren Mitgliedern eine diesseitige Lebenshilfe zu einem sinnvollen, besser und erfüllter gestalteten Leben. Sie benutzt dafür keine religiösen oder kirchlichen Weihen, Verpflichtungen, Sakramente oder Gnaden.

Die Freimaurerei ist jedoch keineswegs religionsfeindlich. Ihre zentrale Idee ist eine Gottesvorstellung, die im Symbol des »Allmächtigen Baumeisters aller Welten« zusammengefaßt ist. Somit wird die Aufnahme eines Suchenden nicht von einem bestimmten religiösen Bekenntnis abhängig gemacht. Die typische Freimaurereinstellung kommt in der Ringparabel von Lessings Drama »Nathan der Weise« zum Ausdruck. Grundsätzlich kann man feststellen, daß »fundamentalistische« oder »orthodoxe« Kirchen der Freimaurerei ablehnend bis feindlich gegenüberstehen. Die Deutsche Katholische Bischofskonferenz hat die gleichzeitige Zugehörigkeit zur katholischen Kirche und zum Freimaurerbund für »unvereinbar« erklärt (»Unvereinbarkeitserklärung« von 1980). Seitens der evangelischen Kirche werden derartige Bedenken nicht erhoben.

IX. Verwechslungen: Freimaurerähnliche Vereinigungen

Anlaß zu Verwechslungen mit regulären Freimaurerlogen geben noch heute, wie schon in der Geschichte, nach Form und Zielsetzung ähnliche Organisationen. Darunter befinden sich auch Vereinigungen, die nichts mit Freimaurerei zu tun haben, zuweilen aber mit ihr in Verbindung gebracht oder mit ihr verwechselt werden.

AMORC (Antiquus Mysticus Ordo Rosae Crucis)

Seit Ende des Ersten Weltkriegs hat sich diese Rosenkreuzergruppe von den USA aus weltweit verbreitet. Es werden Männer und Frauen aufgenommen, die fünf Neophytengrade und elf Tempelgrade erwerben können. Die Organisation ist der Freimaurerei nachgebildet, die Mitglieder tragen dreieckige Schurze und verwenden Paßworte. Die Lehrinhalte (Okkultismus und Populärphilosophie) werden in Stufen durch käufliche Lehrbriefe vermittelt.

Ancient Order of Foresters

Die ›Friendly Society‹ besteht seit 1813 in England und den USA. Es ist ein bruderschaftlich organisierter Unterstützungsverein, der Frauen und Männer aufnimmt.

B'nai Brith
(United Order of B.B., d. h. Söhne des Bundes)

Ein 1843 in New York gegründeter Orden, der nur Männer mosaischen Glaubens aufnimmt. Er vertritt ausschließlich die Interessen der jüdischen Bürger und will an deren Vervollkommnung arbeiten. Der Orden hat drei Grade, auch Erkennungszeichen, und arbeitet nach einem

Ritual. Die karitativen Leistungen unter Mitgliedern sind bemerkenswert. Nach dem Zweiten Weltkrieg gab es mehrere Neugründungen in West-Berlin und Frankfurt/Main. Der Orden hat jedoch keinerlei Zusammenhang mit der Freimaurerei.

Columbus-Ritter (Knights of Columbus)

1882 in Connecticut/USA in der Absicht gegründeter Orden, Katholiken vom Beitritt zur Freimaurerei abzuhalten durch ein ähnliches Brauchtum unter katholischer Flagge. Der Orden hat vier Grade und kennt Zeichen, Wort und Griff. Die Mitglieder tragen eine Uniform und widmen sich vornehmlich der Wohltätigkeit.

Druiden (United Ancient Order of Druids)

Der 1781 in London gegründete Männerorden widmet sich vornehmlich der Geselligkeit und der Wohltätigkeit (seit 1871 auch in Deutschland). Eine Weltvereinigung wurde 1908 in München gegründet. Unter dem Vorsitz eines »Edelerzes« versammeln sich die Mitglieder in »Hain« genannten Zusammenkünften. Für die drei Grade (Ovatengrad – Grad der Erkenntnis und des Wissens; Bardengrad – weckt und pflegt das Kunstverständnis; Druidengrad – vermittelt die Ethik des Ordens) und einen Hochgrad gibt es Paßworte und Erkennungszeichen auf der Basis keltischer Legenden und Überlieferungen. Besondere Verehrung genießt das Druiden-Heiligtum »Stonehenge« im Süden Englands. In Deutschland gibt es etwa 2.500 Mitglieder.

Eastern Star

1855 in den USA als »Order of the Eastern Star« gegründet, arbeitet er in der Absicht, die Familie stärker in die freimaurerische Gemeinschaft einzubinden. Hauptsymbol ist der fünfzackige, fünffarbige Stern. Die weltweit gleichen Rituale beziehen sich auf alt- oder neutestamentarische Frauengestalten wie Ruth, Esther und Martha. Ziel ist, Menschen in materieller Not beizustehen. In Deutschland arbeiten 18 »Kapitel« in englischer oder deutscher Sprache. Der Eastern Star-Orden ist weder eine Frauen- noch eine gemischte Loge; er ist auch kein offizieller Bestandteil der Freimaurerei.

Freidenker (Freireligiöse Gemeinden)

Diese Vereinigung arbeitet nach dem Wahlspruch: »Frei sei der Geist und ohne Zwang der Glaube«. In manchen Kreisen der Bevölkerung werden Freidenker und Freimaurer zuweilen gleichgesetzt. Man übersieht dabei, daß die Freimaurerei von ihren Mitgliedern als Voraussetzung für die Aufnahme unabdingbar die Anerkennung eines göttlichen Prinzips (»Allmächtiger Baumeister aller Welten«) verlangt.

Guttempler-Orden
(International Order of Good Templars)

Eine 1852 in New York gegründete Vereinigung, die Männer und Frauen aufnimmt und deren Hauptziel es ist, die Mitglieder zur Abstinenz von alkoholischen Getränken zu erziehen. Ritual und Organisation sind denen der Freimaurer ähnlich.

Illuminaten-Orden

Diese Bewegung gründete 1776 in Bayern der Ingolstädter Professor Adam Weishaupt, der 1777 als Freimaurer aufgenommen wurde. Der Orden wollte eine geheime Weisheitsschule sein und war im 18. Jahrhundert sehr einflußreich. Ihm gehörten viele Freimaurer an, beispielsweise Goethe, Herzog Karl August von Weimar, Herzog

Ferdinand von Braunschweig, Graf Mirabeau, Freiherr von Dalberg (Generalpostmeister von Thurn und Taxis) und viele andere. Der Freiherr von Knigge entwarf den Organisationsplan, der dem des Jesuiten-Ordens nachempfunden war. Es gab zahlreiche Verdächtigungen, besonders von kirchlichen Kreisen gesteuert; 1785 erlosch die Ordenstätigkeit restlos. 1906 erfolgte in Berlin eine Neugründung auf der Basis des alten Brauchtums. Diese Logen hatten aber mit Freimaurerlogen nichts mehr zu tun. 1933 kam es zur Auflösung durch die Nationalsozialisten. Heute bearbeitet noch eine Loge in der Schweiz die Illuminatengrade. Durch die Doppelmitgliedschaften von Freimaurern wurden die Illuminaten oft fälschlich mit den Freimaurern gleichgesetzt.

Kiwanis International

In Detroit/USA 1915 gegründeter Serviceclub für Männer, der seit 1963 auch in der Bundesrepublik tätig ist. Im Vordergrund steht die Suche nach Lösungen für gesellschaftsrelevante Probleme und die Frage danach, welchen Beitrag die Mitglieder selbst dazu leisten können. Wichtig sind Hilfsbereitschaft und karitative Aktionen. In der Bundesrepublik gibt es etwa 2.000 Mitglieder. Ein Zusammenhang mit der Freimaurerei besteht nicht.

Lions-Club
(International Association of Lions Clubs)

1917 wahrscheinlich als Abspaltung vom Rotary-Club in Chicago/USA gegründet, übt sich die Vereinigung in Geselligkeit, dem Anknüpfen geschäftlicher Bekanntschaften und Wohltätigkeit. Schwerpunkte der karitativen Tätigkeit sind Hilfsprogramme für Sehbehinderte und Blinde, Drogenaufklärung und Hilfe für Langzeitkranke wie Diabetiker. Die Aufnahme erfolgt nur auf Einladung.

In Deutschland gibt es etwa 20.000 Mitglieder. Es besteht keinerlei Verbindung zur Freimaurerei.

De Molay Orden

1919 entstand der »De Molay Orden« in Kansas City/USA, um einen Jugendclub zu formen, der Jungen zwischen 14 und 21 Jahren eine gute Anleitung und Ausbildung in Staatsbürgerrechten und Staatsbürgerpflichten geben konnte. Die Ordensideale sind unter anderem, jede Frau zu achten und zu schützen, gute, feste Freunde zu sein, fleißig und tätig zu wirken. Es gibt weltweit etwa drei Millionen Mitglieder, die in der jeweiligen Landessprache zwei Grade bearbeiten. Die Aufsicht über die Kapitel führen Freimaurer, die als Jungen selbst einem Kapitel angehört haben. In der Bundesrepublik hat sich diese Idee nicht durchgesetzt, obgleich es in den fünfziger und sechziger Jahren erfolgversprechende Ansätze gegeben hatte.

Odd Fellows (Independent Order of Odd Fellows)

1803 wurde die erste Loge dieser Vereinigung in London gegründet. Der Name »Odd Fellows« kann nicht eindeutig erklärt werden. Es gibt einen Einweihungsgrad und drei eigentliche Logengrade. Die »Odd Fellows« sind nach eigenem Bekunden eine Genossenschaft, die sich »durch ein heiliges und unverletzliches Band vereint hat, als treue Freunde und Brüder sich in allen Verhältnissen des Lebens zu erkennen und als solche zu zeigen, und die sich verbunden haben, solange Ehre, Pflicht und Gewissen es erlauben, in Glück und Unglück einander beizustehen, die Notleidenden zu fördern, den Kranken zu Hilfe zu eilen, die Witwen und Waisen ihrer verstorbenen Brüder zu unterstützen und denselben nach Kräften ihren Rat und Schutz angedeihen zu lassen«. Wohltun mag mithin als einziger Zweck der »Odd Fellows« betrachtet werden. Seit 1870 gibt es »Odd Fellows« in Deutschland. Auch sie wurden nach 1933 verboten. Nach dem Zweiten Weltkrieg lebte die Organisation wieder auf. Das Gedankengut ist in vielem dem der Freimaurerei sehr ähnlich.

Rebekka-Logen

1851 als weiblicher Zweig der »Odd Fellows« in den USA gegründet, ist diese Organisation seit 1872 auch in Deutschland tätig. Namensgeberin ist die biblische Rebekka vom Brunnen als Symbol selbstloser Hilfsbereitschaft. Karitative Arbeit wird insbesondere zugunsten behinderter oder milieugeschädigter Kinder und alter Menschen geleistet. In Deutschland gibt es heute etwa 340 Rebekka-Schwestern.

Rosenkreuzer

Mitte des 18. Jahrhunderts bildete sich in deutschen Landen ein Mysterienbund, der sich als »Orden der Gold- und Rosenkreuzer« bezeichnete und seinen Ursprung auf einen Orden bezog, der angeblich im 14. Jahrhundert von einem Christian Rosenkreutz gegründet worden war. Die Bibel wurde zur Richtschnur erklärt, man behauptete, die Freimaurerei erfunden zu haben und sie als einzige richtig erklären zu können. Das System hatte neun Grade und beschäftigte sich mit der Kabbala, Mystik, Alchemie und Theosophie. Die Führer gaben an, den »Stein der Weisen« zu besitzen. Mit Beginn des 19. Jahrhunderts hörte jede Ordenstätigkeit auf, da die Mitglieder den spiritistischen Neigungen und der Überheblichkeit der Oberen nicht mehr folgen wollten. Verschiedene Symbole der Rosenkreuzer sind in die Erkenntnisstufen der Freimaurerei geflossen. Heute gibt es eine Rosenkreuzergruppe, die unter dem Namen »AMORC« arbeitet.

Rotary - International

Diese älteste Serviceclub-Organisation wurde 1905 in Chicago/USA gegründet. 1928 entstand der erste deutsche Club, den jedoch die Nationalsozialisten 1933 verboten. Der Club bemüht sich um Fairneß, Dienstbereitschaft und Toleranz, Frieden und Völkerverständigung. An jedem Ort darf nur ein Mitglied eines Berufsstandes aufgenommen werden. Man trifft sich wöchentlich zu einem Essen an verschiedenen Orten *rotierend*. Wer mehrfach fehlt, wird ausgeschlossen. Vielfältig sind die karitativen Tätigkeiten. Es gibt etwa 25.000 deutsche Rotarier. Die Clubs sind international organisiert, haben jedoch nichts mit der Freimaurerei zu tun.

Schlaraffia

Zur Pflege von Humor, Kunst und Freundschaft wurde diese Männergemeinschaft 1859 in Prag gegründet. Während der NS-Zeit war auch diese Organisation verboten. Man pflegt bei den Sitzungen ein gewisses Zeremoniell in drei Stufen. Die Gemeinschaft besitzt keine Geheimnisse, Symbol ist der Uhu. In Deutschland gibt es wieder 6.800 Schlaraffen-Ritter. Mit der Freimaurerei bestehen keine Gemeinsamkeiten, doch werden zuweilen Logenhäuser gemeinsam genutzt.

X. Anhang

Bekannte Freimaurer von A–Z

Wer war und wer ist Freimaurer? Diese Frage wird vielfach in der Öffentlichkeit gestellt. Die Freimaurer tun sich allerdings etwas schwer mit der Beantwortung. Es ist nämlich jedem Freimaurer selbst überlassen, sich zu seiner Zugehörigkeit zum Freimaurerbund zu bekennen oder nicht. Daher fällt es leichter, Namen bereits verstorbener als gegenwärtig lebender Persönlichkeiten aufzuzählen. Zum breiteren Verständnis erfolgt nachstehend eine Auflistung von höchst unterschiedlichen Männern, die in der Bruderschaft ihr einigendes Band gefunden haben. Diese Auflistung in alphabetischer Anordnung erhebt jedoch keinen Anspruch auf Vollständigkeit.

Aldrin, Edwin (geb. 1930), amerikanischer Astronaut, betrat als zweiter Mensch den Mond.

Atatürk, Mustafa Kemal Pascha (1881–1938), Vater der modernen Türkei.

Beaumarchais, Pierre Augustin Caronde (1732–1799), französischer Dichter.

Bechstein, Ludwig (1801–1860), deutscher Märchendichter.

Benesch, Dr. Eduard (1884–1948), einer der Begründer der modernen Tschechoslowakei.

Berlin, Irving (1888–1989), amerikanischer Musicalkomponist.

Bernhard, Henry (1896–1960), deutscher Politiker, Sekretär Stresemanns.

Blücher, Gebhard L. von Wahlstadt (1742–1819), preußischer Generalfeldmarschall. (Siehe Seite 74.)

Blum, Robert (1807–1848), deutscher Schriftsteller und Politiker, 1848 als Barrikadenkämpfer in Wien erschossen.

Blumauer, Aloys (1755–1798), Ex-Jesuit, österreichischer Dichter.

Bluntschli, Johann Caspar (1808–1881), Schweizer Rechts-

> *Blücher, Gebhard L. von Wahlstadt* – Die Grundeinstellung des »Marschall Vorwärts« der Befreiungskriege 1813–1814 zur Idee einer brüderlichen Welt geht aus einer Ansprache hervor, die er am 18. September 1813 vor den Brüdern der Loge »Zur goldenen Mauer« in Bautzen hielt: »Ich habe von Jugend auf die Waffen für mein Vaterland geführt und bin darin grau geworden. Ich habe den Tod in seinen fürchterlichsten Gestalten gesehen und sehe ihn noch täglich vor Augen. Ich habe Hütten rauchen und ihre Bewohner nackt und bloß davongehen sehen, und ich konnte nicht helfen. So bringt es das Treiben und Toben der Menschen in ihrem leidenschaftlichen Zustande mit sich. Aber gern sehnt sich der bessere Mensch aus diesem wilden Gedränge heraus, und segnend preise ich die Stunde, wo ich mich im Geiste mit treuen Brüdern in jene höheren Regionen versetzen kann, wo ein reineres, helleres Licht uns entgegenstrahlt. Heilig ist mir daher die Maurerei, der ich bis im Tode treulich anhängen werde, und jeder Bruder wird meinem Herzen stets teuer und wert sein.« – (Nach einer Pause, die Hand ans Herz legend und mit niedergebeugtem Haupte:) »Gott sei mir gnädig!«

gelehrter, schrieb gegen die Enzyklika des Papstes Pius IX.

Böhm, Karl-Heinz (geb. 1926), deutscher Schauspieler.

Börne, Ludwig (1786–1837), deutscher politischer Schriftsteller.

Bolívar, Simon (1783–1830), Freiheitsheld des südamerikanischen Kontinents, Führer der Unabhängigkeitsbewegung.

Bourgeois, Leon Victor (1851–1925), französischer Ministerpräsident.

Brachvogel, Albert Emil (1824–1878), deutscher Dramatiker und Romanschriftsteller.

Brehm, Alfred (1829–1884), deutscher Zoologe, Verfasser von »Brehms Tierleben«.

Brundage, Avery (1887–1975), Präsident des Internationalen Olympischen Komitees.

Burns, Robert (1759–1796), schottischer Dichter.

Byrd, Richard E. (1888–1957), amerikanischer Admiral und Polarforscher.

Carus, Viktor (1823–1903), deutscher Zoologe, Übersetzer der Darwinschen Schriften ins Deutsche.

Casanova, Giacomo Girolamo (1725–1798), italienischer Abenteurer und Schriftsteller. (Siehe Seite 76.)

Caspari, Otto (1841–1916), deutscher Philosophieprofessor in Heidelberg.

Cavour, Graf Camillo Benso von (1810–1861), italienischer Staatsmann.

Chamisso, Adalbert (1781–1838), deutscher Dichter.

Christian X. (1870–1947), König von Dänemark.

Churchill, Sir Winston (1874–1965), britischer Ministerpräsident.

Claudius, Matthias (1740–1815), deutscher Dichter, Herausgeber des »Wandsbeker Boten«.

Clemens August, Herzog von Bayern (1700–1761), Kurfürst von Köln, angeblich Gründer des »Mopsordens« um 1740.

Cooper, Leroy Gordon (geb. 1927), amerikanischer Astronaut.

Corinth, Lovis (1858–1925), deutscher Maler.

Danton, Georges Jacques (1759–1794), französischer Revolutionär.

Dehler, Dr. Thomas (1897–1967), deutscher Bundesminister, FDP-Politiker.

Devrient, Karl August (1797–1872), deutscher Schauspieler.

Dickens, Charles (1812–1870), englischer Dichter.

Diderot, Denis (1713–1784), französischer Philosoph und Lexikon-Herausgeber.

Disney, Walt (1901–1966), amerikanischer Filmproduzent.

Doyle, Sir Arthur Conan (1859–1930), englischer Schriftsteller.

Eduard VII. (1841–1910), König von England.

Eduard VIII. (1894–1972), König von England.

Elsner, Josef (1769–1854), polnischer Komponist.

Fall, Leo (1873–1925), österreichischer Komponist.

Ferdinand, Herzog von Braunschweig (1721–1792), preußischer Feldmarschall im Siebenjährigen Krieg.

Fichte, Johann Gottlieb (1762–1814), deutscher Philosoph.

Fleming, Sir Alexander (1881–1955), schottischer Bakteriologe, Entdecker des Penicillins.

Casanova, Giacomo Girolamo – Im Band III seiner Lebenserinnerungen beschreibt Casanova die Freimaurerei und ihr Geheimnis: »Eine ehrenwerte Persönlichkeit, die ich bei Monsieur de Rochebaron kennenlernte, verschaffte mir die Vergünstigung, unter die Erleuchteten aufgenommen zu werden. Ich wurde Lehrling bei den Freimaurern. Zwei Monate später empfing ich in Paris den zweiten Grad und einige Monate darauf den dritten, den eines Meisters. Dieser ist der höchste. Alle anderen Titel, die man mich im Laufe der Zeit annehmen ließ, sind angenehme Erfindungen, die trotz ihrer Symbolhaftigkeit die Würde eines Meisters nicht erhöhen. Es gibt auf der Welt keinen Menschen, der es so weit brächte, alles zu wissen, aber alle Menschen sollen danach streben. Jeder junge Mann, der reist, um die große Welt kennenzulernen, der sich heutzutage niemandem unterlegen und sich nicht vom Verkehr mit seinesgleichen ausgeschlossen sehen will, muß sich in das einführen lassen, was man die Freimaurerei nennt, und sei es auch nur, um wenigstens oberflächlich zu wissen, was das ist. Er muß jedoch darauf achten, sich die Loge gut auszuwählen, in die er aufgenommen werden will, denn wenn auch schlechte Gesellschaft in der Loge nicht wirksam werden kann, so kann sie doch vorhanden sein, und der Kandidat muß sich vor gefährlichen Verbindungen hüten. Wer sich nur deshalb entschließt, Freimaurer zu werden, um hinter das Geheimnis zu kommen, täuscht sich leicht, denn es kann ihm widerfahren, daß er fünfzig Jahre als Meister lebt, ohne daß es ihm je gelingt, das Geheimnis dieser Bruderschaft zu ergründen.

Das Geheimnis der Freimaurerei ist durch seine besondere Art unverletzlich, da es der Freimaurer, der es kennt, nur deshalb kennt, weil er es erraten hat. Er hat es von niemandem erfahren. Er hat es entdeckt durch regelmäßigen Verkehr in der Loge, durch Beobachtung, Überdenken und Schlußfolgerung. Wenn er dahin gelangt ist, hütet er sich wohl, diese Entdeckung wem immer mitzuteilen, (…) denn wer nicht die Fähigkeit besitzt, es zu ergründen, dem nützt es auch nichts, wenn er es durch Mitteilung erfährt. Das Geheimnis wird also stets Geheimnis bleiben.

Alles, was in der Loge geschieht, soll geheimgehalten werden; wer sich aber in ehrloser Schwatzhaftigkeit kein Gewissen daraus macht zu verraten, was dort geschieht, hat nichts Wesentliches verraten. Wie könnte er auch verraten, was er selbst nicht weiß. Hätte er es gewußt, so hätte er die Zeremonien nicht der Öffentlichkeit preisgegeben.«

Ford, Henry (1863–1947), amerikanischer Automobilfabrikant.

Forster, Georg (1754–1794), deutscher Naturforscher und Weltreisender.

Franklin, Benjamin (1706–1790), amerikanischer Politiker.

Freiligrath, Ferdinand (1810–1876), deutscher Dichter.

Friedrich, Caspar David (1774–1840), deutscher Maler.

Friedrich II., der Große (1712–1786), preußischer König.

Friedrich III. (1831–1888), deutscher Kaiser.

Gable, Clark (1901–1960), amerikanischer Schauspieler.

Gambetta, Leon (1838–1882), französischer Staatsmann.

Garibaldi, Giuseppe (1807–1882), italienischer Freiheitsheld.

Georg VI. (1895–1952), König von England.

Georg II. (1890–1947), König von Griechenland.

Gide, André (1869–1951), französischer Schriftsteller.

Glenn, John Herschel (geb. 1921), amerikanischer Astronaut.

Gneisenau, Graf August Neidhard von (1760–1831), preußischer Generalfeldmarschall.

Goethe, Johann Wolfgang von (1749–1832), deutscher Dichter.

Grissom, Vergil (1926–1967), amerikanischer Astronaut.

Gustav Adolf V. (1858–1950), König von Schweden.

Gustav Adolf VI. (1882–1973), König von Schweden.

Haakon VII. (1872–1957), König von Norwegen.

Hahnemann, Samuel Christian (1755–1843), deutscher Arzt, Begründer der Homöopathie.

Hardenberg, Fürst Karl August von (1750–1822), preußischer Staatsmann.

Haydn, Josef (1732–1809), österreichischer Komponist.

Heine, Heinrich (1797–1857), deutscher Dichter und Journalist.

Herder, Johann Gottfried (1744–1803), deutscher Philosoph und Dichter.

Hufeland, Christoph Wilhelm von (1762–1836), deutscher Arzt und Forscher.

Hugo, Victor (1802–1885), französischer Dichter.

Humboldt, Alexander von (1769–1859), deutscher Naturwissenschaftler.

Iffland, August-Wilhelm (1759–1814), deutscher Schauspieler.

Johann, Erzherzog von Österreich (1782–1859), deutscher Reichsverweser.

Juárez, Carlo Benito (1806–1872), mexikanischer Freiheitsheld.

Kipling, Joseph Rudyard (1865–1936), englischer Schriftsteller.

Kossuth, Lajos von (1802–1894), ungarischer Freiheitskämpfer.

Knigge, Adolf von (1752–1796), deutscher Schriftsteller.

Kressmann, Willy (1907–1986), Berliner Bürgermeister.

Lafayette, Marquis de Marie Joseph de Motier (1757–1834), französischer General im amerikanischen Freiheitskrieg.

Leopold I. (1790–1865), König von Belgien.

Lessing, Gotthold Ephraim (1729–1781), deutscher Dichter.

Leuschner, Wilhelm (1890–1944), deutscher Politiker und Gewerkschaftsfunktionär, Widerstandskämpfer.

Lichnowsky, Fürst Felix von (1814–1848), preußischer Politiker des Paulskirchenparlaments von 1848.

Lindbergh, Charles (1902–1974), amerikanischer Flugpionier.

Liszt, Franz (1811–1886), österreichischer Komponist.

Lortzing, Albert (1801–1851), deutscher Komponist.

Loewe, Carl (1796–1869), deutscher Komponist.

Luckner, Graf Felix von (1881–1966), deutscher Seeoffizier und Schriftsteller.

Mayo, Charles Horace (1865–1939), amerikanischer Chirurg, Mitbegründer der Mayo-Klinik/USA.

Mirabeau, Honoré (1749–1791), französischer Politiker.

Mozart, Wolfgang Amadeus (1756–1791), österreichischer Komponist.

Nelson, Horatio, Lord Herzog von Bromtë (1758–1805), englischer Admiral.

Nicolai, Friedrich (1733–1811), deutscher Schriftsteller und Verleger.

Oskar II. (1829–1907), König von Schweden.

Ossietzky, Carl von (1889–1938), deutscher Publizist, Friedensnobelpreisträger.

Poniatowski, Fürst Josef (1763–1813), polnischer General, französischer Marschall, Politiker.

Prinz Philip, Herzog von Edinburgh (geb. 1921), Prinzgemahl der englischen Königin Elisabeth II..

Puschkin, Alexander (1799–1837), russischer Dichter.

Reclam, Anton Philipp (1807–1896), deutscher Verlagsbuchhändler.

Roosevelt, Franklin Delano (1882–1945), amerikanischer Präsident.

Roosevelt, Theodore (1858–1919), amerikanischer Präsident.

Rückert, Friedrich (1788–1861), deutscher Dichter.

Schadow, Johann Gottfried (1764–1850), deutscher Bildhauer.

Scharnhorst, Gerhard David von (1755–1813), preußischer Generalstabschef.

Schliemann, Heinrich (1822–1890), deutscher Archäologe.

Schröder, Friedrich Ludwig (1744–1816), Hamburger Schauspielhausdirektor, Reformator der deutschen Freimaurerei.

Schulze-Delitzsch, Hermann (1808–1883), deutscher Reichstagsabgeordneter.

Schurz, Carl (1829–1906), deutsch-amerikanischer Politiker.

Scott, Robert Falcon (1868–1912), englischer Südpolforscher.

Scott, Sir Walter (1771–1832), schottischer Jurist, Historiker und Romanschriftsteller.

Shepard, Alan Bartlett (geb. 1923), amerikanischer Astronaut.

Sibelius, Jan (1865–1957), finnischer Komponist.

Sousa, John Philip (1854–1932), amerikanischer Komponist.

Spohr, Louis (1784–1859), deutscher Komponist und Geigenvirtuose.

Springer, Axel Caesar (1912–1985), deutscher Zeitungsverleger.

Stein, Reichsfreiherr Heinrich Friedrich Karl vom und zum (1757–1831), preußischer Staatsmann und Reformer.

Stendhal, Henri Beyle (1783–1842), französischer Schriftsteller.

Stephan, Heinrich von (1831–1897), Gründer der deutschen Reichspost und des Weltpostvereins.

Steuben, Freiherr Friedrich Wilhelm von (1730–1794), preußischer Offizier, amerikanischer General.

Stinde, Julius (1841–1905), deutscher Schriftsteller.

Stresemann, Gustav (1878–1929), deutscher Staatsmann, Außenminister.

Swift, Jonathan (1667–1745), irischer Schriftsteller.

Thorvaldsen, Bertel (1768–1844), dänischer Bildhauer.

Tucholsky, Kurt (1890–1935), deutscher Schriftsteller, Journalist und Satiriker.

Twain, Mark (1835–1910), amerikanischer Schriftsteller.

Voltaire, François Marie Arouet (1694–1778), französischer Dichter, Kritiker und Philosoph.

Uhland, Ludwig (1787–1862), deutscher Dichter.

Washington, George (1732–1799), erster Präsident der USA.

Wieland, Christoph Martin (1733–1813), deutscher Dichter.

Wilde, Oscar (1854–1900), englischer Schriftsteller.

Wilhelm I. (1797–1888), deutscher Kaiser.

Wilhelm II. (1792–1849), König der Niederlande.

Freimaurerische Nomenklatur von A–Z

ABaW = Allmächtiger Baumeister aller Welten

A.F.u.A.M.v.D. = (Großloge der) Alten Freien und Angenommenen Maurer von Deutschland

A.A.S.R. = Alter und Angenommener Schottischer Ritus

ACGL = American-Canadian Grand Lodge A.F. + A.M.
in Germany

Br. = Bruder

Bro. = engl. Abkürzung für Bruder

Brr. = Brüder

brdl. = brüderlich

B.d.H.G. = Buch des Heiligen Gesetzes (Bibel, Koran,
Thora)

Degree = Grad, auch 1°, 2°, 3° (Lehrling, Geselle,
Meister)

d.d.u.h.Z. = durch die uns heilige Zahl (Briefschlußformel)

DM = Distriktsmeister (A.F.u.A.M.)

E.A. = Entered Apprentice (engl. Bezeichnung für Lehrling)

ehrw. = ehrwürdiger (Briefanredeformel)

ehrwst. = ehrwürdigster (Briefanredeformel)

F.C. = Fellow Craft (engl. Bezeichnung für Geselle)

FM (Frm.) = Freimaurer

FRM (Frmei.) = Freimaurerei

frm. (freim.) = freimaurerisch

FO = Freimaurerorden

GL = Großloge

GL BFG = Grand Lodge of British Freemasons in
Germany

GLL, (GLL F.v.D.) = Große Landesloge der Freimaurer
von Deutschland

GLL RY = Große Landesloge Royal York

GLT = Großlogentag

GLV = Großlogenversammlung

GM = Großmeister

GNML (3 WK, 3 W) = Große National-Mutterloge »Zu den drei Weltkugeln«

3fach gr.B.d.g.W. = Dreifach großer Baumeister der ganzen Welt (entspr. ABaW)

G.A.O.T.U. = Great Architect of the Universe (der engl. freimaurerische Gottesbegriff)

Gr. = Grad (auch I., II., III., Lehrling, Geselle, Meister)

g.u.v.L. = gerechte und vollkommene Loge

hochw. = hochwürdiger (Briefanredeformel)

i.d.e.O. = in den ewigen Osten (= verstorben)

i.d.u.h.Z. = in der uns heiligen Zahl (Briefschlußformel)

i.O. = im Orient (bezeichnet Logensitz/Stadt)

JL = Johannisloge

Kap. = Kapitel (Hochgrad GLL)

KK = Königliche Kunst (Bezeichnung für Freimaurerei)

LGM = Landesgroßmeister

L = Loge (grafisch [ ])

LL = Logen (grafisch [ ])

LM = Logenmeister

MM = Master Mason (engl. Bezeichnung für Meister)

Mr. = Maurer

mr. = maurerisch

MvSt = Meister vom Stuhl (Logenmeister)

O+M = Ordensmeister

PM = Past Master (engl. Bezeichnung für Altstuhlmeister)

RA = Royal Arch (engl. Hochgradloge)

RY = Royal York (deutsche Großloge)

Schw., Sr. = Schwester (gebräuchliche Bezeichnung für die Frau eines Bruders)

Sen. = Senator

TA I = Tempelarbeit I. Grad, Lehrlingsloge

TA II = Tempelarbeit II. Grad, Gesellenloge

TA III = Tempelarbeit III. Grad, Meisterloge

trvb. = treuverbunden (Briefformel)

UGL = United Grand Loge of England (engl. Großloge)
VGLvD = Vereinigte Großlogen von Deutschland
W.M. = Worshipful Master (engl. für ehrwürdiger Meister vom Stuhl)
ZK = Zirkelkorrespondenz, Monatsschrift der GLL F.v.D.
ZM = Zeremonienmeister
Zylinder = Hoher Hut (Zeichen des freien Mannes)
I.A. = I. Aufseher (Logenbeamter)
II.A. = II. Aufseher (Logenbeamter)

Deutschsprachige freimaurerische Zeitschriften

Alpina – Offizielles Organ der Schweizerischen Großloge Alpina. 10 x jährlich, Verbandsdruckerei A.G. Maulbeerstr. 10, CH-3001 Bern.

Blaue Blätter – Verein der Freunde esoterischer Texte, Redaktion: Rolf Pohl, St. Veitsgasse 40, A-1130 Wien.

Bundesblatt – Herausgeber: GNML »Zu den drei Weltkugeln«, 10 x jährlich, Schriftleitung: Ronald Gerhardt, Heerstr. 28, 1000 Berlin 19.

Eleusis – Organ des Deutschen Obersten Rates des A.A.S.R., 4–6 x jährlich, Selbstverlag DOR der Freimaurer des A.A.S.R., Rembrandtstr. 18, 6000 Frankfurt/M 70.

Hanseatisches Logenblatt – Im Auftrage der Distriktlogen Hamburg und Schleswig-Holstein, 10 x jährlich, Redaktion: Hansjakob Kröber, Boschstr. 43, 2000 Hamburg 50.

Humanität – Im Auftrag der Großloge A.F.u.A.M.v.D., 8 x jährlich, Verlag: Ehrlich & Sohn GmbH & Co., Griegstr. 75, 2000 Hamburg 15, Redaktion: Rolf Appel, Mundsburger Damm 60, 2000 Hamburg 76.

TAU – Zeitschrift der Forschungsloge »Quatuor Coronati«, Bayreuth, 1–2 x jährlich, Redaktion: Wolfram Kraffert, Kapuzinerstr. 26, 6500 Mainz.

Treue Information – Herausgegeben im Auftrag der JL »Zur Treue«, 5–6 x jährlich, Schriftleitung: Reinhold Dosch, Schönhauser Str. 17, 1000 Berlin 41.

Zirkelkorrespondenz – Mitteilungsblatt der GLL F.v.D., 10 x jährlich, Verlag Hermann Dettmer, 2082 Uetersen, Redakteur: Hans Ofenbach, Hildeboldstr. 14, 5020 Königsdorf.

Weiterführende Literatur

Appel, Rolf: Was jeder Freimaurer wissen muß. Münster [4]1991.
Appel, Rolf/Oberheide, Jens: Was ist Freimaurerei? Münster 1985.
Bieberstein von, Johannes Rogolla: Die These von der jüdisch-freimaurerischen Weltverschwörung. Bern, Frankfurt 1976.
Biedermann, Hans: Das verlorene Meisterwort – Bausteine zu einer Kultur- und Geistesgeschichte des Freimaurertums. Graz 1986.
Binder, Dieter A.: Die diskrete Gesellschaft – Geschichte und Symbolik der Freimaurer. Graz 1988.

Diener, Jürgen W.: Freimaurer im 20. Jahrhundert. Dinkelsbühl 1968.
Diericks, Michel S.J.: Freimaurerei – Die große Unbekannte. Frankfurt/Hamburg 1967.
Endres, Franz Carl: Die Symbole des Freimaurers. Hamburg 1977.
ders.: Das Geheimnis des Freimaurers. Frankfurt /Main1963.
Fischer, Robert: Ritual und Symbol – Neudruck der Ausgabe 1878. Osnabrück 1984.
Frick, Karl R. H.: Die Erleuchteten. Graz 1973.
ders.: Licht und Finsternis – Band 1 und 2. Graz 1975.
Holtorf, Jürgen: Die Logen der Freimaurer. München 1991.
ders.: Die verschwiegene Bruderschaft. München 1983.
ders.: Verschwörung zum Guten. Münster 1990.
Kopitzsch, Franklin: Sozialgeschichte der Aufklärung in Hamburg und Altona. Hamburg 1982.
Koselleck, Reinhart: Kritik und Krise. Ein Beitrag zur Pathogenese der bürgerlichen Welt. Freiburg, München 1959.
Lagutt, Jan K.: Grundstein der Freimaurerei – Erkenntnis und Verkennung. Zürich 1971.
Lehner, Alfried: Die Esoterik der Freimaurer. Gerabronn und Crailsheim 1990.
Lindner, Erich J.: Die Königliche Kunst im Bild – Ikonographie der Freimaurerei. Graz 1976.
Mellor, Alec: Unsere getrennten Brüder – Die Freimaurer. Graz 1964.
ders.: Logen Rituale Hochgrade – Handbuch der Freimaurerei. Graz 1967.
Miers, Horst E.: Lexikon des Geheimwissens. München 1986.
Naudon, Paul: Geschichte der Freimaurerei. Fribourg 1982.
Oberheide, Jens: Logengläser. Graz 1983.
Oslo, Allan: Freimaurerei – Humanisten? Häretiker? Hochverräter? Frankfurt/Main 1988.
Peters, Bruno: Die Geschichte der Freimaurerei im Deutschen Reich – für und über. Berlin 1985.
Reinalter, Helmut: Freimaurer und Geheimbünde im 18. Jahrhundert in Mitteleuropa. Frankfurt/Main 1983.
Valmy, Marcel: Die Freimaurer – Arbeit am Rauhen Stein mit Hammer, Zirkel und Winkelmaß. München 1988.

Stichwortregister

Verzeichnis der Grafiken und Tabellen

Stichwort

Information und Wissen in kompakter Form.
»Die Taschenbuch-Reihe gibt knappe, übersichtliche und
aktuelle Auskünfte zu den jeweiligen Themen.«
WESTFÄLISCHE RUNDSCHAU

Wilhelm Heyne Verlag
München